Die Autoren:

Bis zur nächsten Volkszählung keine Auskunft mehr.

Originalausgabe

Umschlaggestaltung Atelier Blaumeiser unter Verwendung
einer Illustration von Dieter Hanitzsch

Der Abdruck der Karten erfolgte mit freundlicher Genehmigung
des Rowohlt Taschenbuch Verlages aus *rororo aktuell*
Band 5237 »Die Aufrüstung der Welt«
von Michael Kidron und Dan Smith
Satz IBV Lichtsatz KG, Berlin
Druck und Bindung Ebner Ulm
Printed in Germany · 1 · 20 · 384
ISBN 3-426-02120-X

1. Auflage

Dieter Hildebrandt
Hanns-Christian Müller
Gerhard Polt:

Krieger Denk Mal!

Ein Buch zur moralischen Aufrüstung

Mit Illustrationen von Dieter Hanitzsch,
Fotos aus der Fernsehsendung
»Scheibenwischer« vom 2. November 1983
sowie Übersichtskarten zur Aufrüstung der Welt

Knaur

ISBN 3-426-02120-X 680

GTX3

Krieger Denk Mal!

Nach der Sendung
»Scheibenwischer«
vom 2. November 1983
(SFB/ARD)

von und mit:	Dieter Hildebrandt Hanns Christian Müller Gerhard Polt Gisela Schneeberger und der Biermösl Blosn
Regie:	Sammy Drechsel

Inhalt

Im Bundeswehrbeschaffungsamt

(Dieter Hildebrandt als Zivilangestellter der Bundeswehr)

Hildebrandt: Also, Herrschaften, fotografieren ist hier strengstens verboten. Wir befinden uns in den Räumen des Bundeswehrbeschaffungsamtes, Hauptabteilung VIII. Rühren, weitermachen!
Lümmeln Sie nicht so herum hier! Sitzen Sie gerade! Rücken gerade, wie sich's gehört für 'nen deutschen Menschen, und Hände auf die Knie! So sitzt man! Alles klar?
Alle mal herhören!
Motto des Tages: Bundesverteidigungsminister Wörner: »Der Mensch ist Mittelpunkt.«
Hätten Sie gern, wie??? Gemeint ist: Der Mensch ist Mittel – Punkt!
Wir stehen am Fuß des Berges einer großen Reform in der Bundeswehr. Und was heißt Reform auf deutsch? Re heißt zurück, und Reform heißt: Zurück zur alten Form. Zurück marsch, marsch!
Also, Schluß mit den Friedensmärschen! Das Volk hat entschieden. Zwar haben Funk und Fernsehen

auf den Straßen ungefähr 1 Million Friedensbewegte gezählt, aber der Innenminister, der Zimmermann, hat nur die Hälfte gesehen. Also, wahrscheinlich war die Presse besoffen und hat alles doppelt gezählt, oder der Zimmermann zählt alle Friedenspfeifen nur noch als halbe Portion.

Daß unter diesen Piß- und Panik-People auch Philosophen, Physiker, Professoren, Dichter und Denker sind, bestätigt eigentlich nur die Regel: Bücher lesen und schreiben bringt nur Verwirrung in die falschen Entschlüsse eines Politikers! Entweder ein Politiker liest alle Bücher – und dankt ab. Oder er liest gar keine – und bleibt souverän. Man stelle sich mal vor, unser Bundeskanzler Helmut Kohl hätte nur *ein* Buch gelesen und das ausgerechnet wäre das falsche!

Nun liest er ja wirklich Bücher. Er hat gesagt, wenn er verreist, hat er immer seinen Tucholsky dabei. Stellen Sie sich mal vor, der Tucholsky würde noch leben!

Aber unser verehrter Bundeskanzler Helmut Kohl ist immer fröhlich. Und schauen wir nur, mit welch fröhlicher Gelassenheit unser Kanzler auf uns herabsieht. Immer mit

diesem leichten Spott. Wo nimmt er ihn nur immer wieder her? Bewundernswert! Ich hab' da immer das Gefühl, er freut sich noch immer, daß er Bundeskanzler geworden ist. – Na, jetzt müßte ihm aber langsam mal einer sagen, daß er's ist. Man kann sich ja nicht ein ganzes Jahr lang über einen Witz freuen…, sagt der Strauß.
Und der hat ja schon wieder von sich reden gemacht. Heute habe ich gelesen, daß er gestern schon wieder so eine Illegalität angedroht hat. Ja, er hat gedroht, er werde dem Otto Wiesheu helfen. Na ja, gut.
Ja, wer soll unserem Bundeskanzler nun wirklich sagen, daß er Bundeskanzler ist? Der Genscher glaubt's ja ohnehin nicht mehr so richtig. Und der Stoltenberg hält sich selbst sowieso für eine Überleitung von Kohl zu sich selbst. Und der Blüm hat genug zu tun mit seiner Rolle als Trümmerfrau am Sozialbau und… ja, und der Lambsdorff weiß noch nicht, ob er ausflickt oder nicht… und die Opposition studiert immer noch, wie sie's in den fünfziger Jahren gemacht hat.
Und außerdem ist ja der Herr Bundeskanzler auch selten am Arbeitsplatz. Er hat ja gleitende Arbeits-

Helmut, stell' dir vor, du bist Bundeskanzler...

zeit. Da besucht er mit ungeheurer Leidenschaft die Truppenteile der Bundeswehr bei Manövern, setzt sich lustige Mützen auf und winkt aus der Tagesschau. Und im übrigen führt er dann immer ganz aufregende Gespräche mit jungen Bundeswehrangehörigen:
»Wo kommen Sie her?«
»Gelsenkirchen, Herr Bundeskanzler.«
»Was sind Sie?«
»Richtkanonier, Herr Bundeskanzler.«
»Und nachher?«
»Arbeitslos, Herr Bundeskanzler.«
Ja, und so was wird dann vom Fernsehen übertragen. Live! Und da genügen die Intendanten einfach nicht ihrer Aufsichtspflicht. So etwas ist Realsatire!
Nur das ZDF paßt da ganz genau auf. Der Intendant Stolte, der läßt so etwas nicht zu: Satire an noch lebenden Personen der Zeitgeschichte – Nein! Nein! Da wird er ganz wild, der Intendant Stolte, wenn jemand den in Amerika gebräuchlichen Werbespruch unterbringen will: »Besuchen Sie Europa, solange es noch da ist!« Na, es lebt ja auch noch.
Aber bei der ARD, da sind noch

Sachen möglich... Da gibt's beim Südwestfunk in Baden-Baden einen Fernsehbeirat. – Nein, nicht Beirat. Es ist ein Ausschuß, und das können Sie auffassen, wie Sie wollen... Also dieser Fernsehausschuß, der ist ganz streng. Da braucht ein Sprecher nur ein ironisches Gesicht zu machen, schon wollen die das Manuskript, um rauszukriegen, was sie nicht verstanden haben. Daß da ein Franz Alt überhaupt bekannt werden konnte! Aber das liegt daran, daß die bis heute noch nicht glauben, daß ein katholisches CDU-Mitglied tatsächlich moralisches Denken von Politikern fordert. Der Alt hat ja behauptet, er sei der Wahrheit verpflichtet. Dem *Sender* ist der Alt verpflichtet!
Sein Intendant Hilf hat es präzise ausgedrückt. Ihm ist es gleich, was ein Fernsehmacher sonst so im Kopf hat, aber etwas muß er drin haben: eine Schere. Aber jetzt lassen sie ihn ja wieder moderieren, den Alt. Sie lassen ihn alles. Sie lassen ihn in Außenpolitik, sie lassen ihn in Innenpolitik – in Frieden lassen sie ihn nicht.
Das Wort ist auch degoutant. Sie können ja im Fernsehen alles mögliche sagen. Nur zwei Sachen können

Schau, ein Fernseh-Redakteur..

Sie nicht sagen: Vögeln und Frieden können Sie nicht sagen – und Frieden ist ja auch wirklich degoutant. Ja, und hier bei der Bundeswehr ist Frieden wie Rost im Gewehrlauf. Und dafür gibt's Knast, Herrschaften! Wie sagte doch Herr Brigadegeneral Roland Zedler? »Das Schwert muß scharf sein! Und lange Friedenszeiten wirken dem entgegen.«

Prächtig! Ich will es mal positiv ausdrücken: Generäle sind wie Gurken – sie kommen immer wieder hoch.

Im Moment sind sie gerade wieder oben. Hüben wie drüben.

Und Generäle sitzen nicht so schlapp herum. Nein, nein, die tun was. Die treibt es zu Taten – unsere Generäle sind Triebtäter.

Der Konflikt muß ausgetragen werden, sagen sie. Und warum nicht nuklear? Der stellvertretende Unterstaatssekretär für Verteidigung, Thomas K. Jones, sagt:

»Die Vereinigten Staaten könnten sich innerhalb von zwei bis vier Jahren vollständig von einem totalen Nuklearkrieg mit der Sowjetunion erholen«, und, sagt er, ein Nuklearkrieg sei nicht annähernd so verheerend, wie man uns glauben gemacht

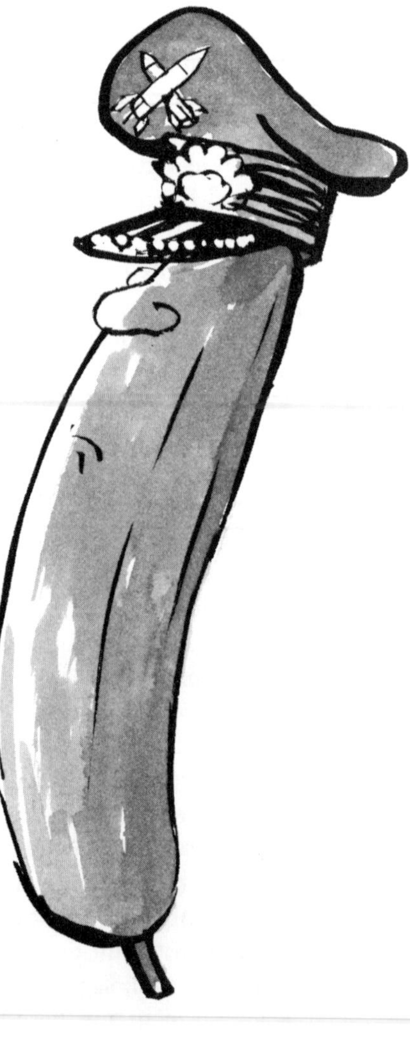

habe. »Wenn es genug Schaufeln gibt, kann jeder überleben.«
Die Schaufeln, sagt er, braucht man, um Löcher in die Erde zu graben, die man dann auf die eine oder die andere Art mit ein paar Türen und etwas Dreck darauf bedeckt. Der Dreck ist das Entscheidende, sagt er.
Und das kann man nachlesen bei Robert Scheer in dem Buch »Und brennend stürzen Vögel vom Himmel«.*)
Ich hoffe also, Sie bereiten das Überleben vor und kaufen sich eine Schaufel.
Wir haben ja hierzulande auch eine Selbstschutzfibel. Nach der kann man locker überleben.
Erster Grundsatz: Zu Hause bleiben! Denn wer sich auf die Flucht begibt, »kann vor Waffenwirkungen nicht rechtzeitig gewarnt werden«. Also, Ihr zuständiger Rundfunk warnt Sie schon, wenn Sie zu Hause sind – wie bei den Staumeldungen. Also, wo es einschlägt und… Es sei denn, es schlägt direkt im Rundfunk… Aber wer denkt denn so was! Halt! Wichtig! So überraschend der Schlag auch kommen

*) Vgl. Anhang Seite 123

mag – 7 Minuten, 10 Minuten –, Sie müssen »eine Stunde vorher Jodtabletten schlucken«, steht hier. Und Vorsicht, wenn's brennt: »Wenn Sie Ihre brennende Wohnung verlassen, schließen Sie die Tür hinter sich...« Und weiter: »Das Brennen der Kleidung eines Menschen verursacht ihm starke Schmerzen...«
Gemeint ist: Wenn wir das alles befolgen, ist ein Atomkrieg möglich. Der Abrüstungsexperte Rostow meint auch: »Die menschliche Rasse ist sehr elastisch.« Und »Japan überlebte schließlich nicht nur, sondern blühte nach dem nuklearen Angriff auf«. Da können wir über die Max-Planck-Gesellschaft nur lachen, die behauptet: »Nach Atomkrieg 30 Tage tiefste Nacht.« Na und? Zu Hause bleiben, Schaufel in der Hand – und elastisch bleiben! Und der Führung vertrauen, die ja Gott sei Dank im sicheren Bunker sitzt. Kohl übernimmt den Oberbefehl, Boenisch die Sondermeldungen – und zum Katastrophenschutz-Chefarzt machen wir Köhnlechner! Also holen Sie sich die Fibel und denken Sie immer dran: Der Dreck ist das Entscheidende.

Selbst-
Schutz-
Fibel
Jod-
Tabletten

Aktion »Essen für den Frieden«

(Gerhard Polt, in der Uniform eines Hauptmanns, tritt zu Dieter Hildebrandt auf die Bühne, gefolgt von der Biermösl Blosn, die das Lied »Alte Kameraden« spielt.)

Polt: Melde gehorsamst, dritte Kompanie angetreten zur Aktion ›Essen für den Frieden‹.
Das Musikkorps ein Geräusch, marsch, marsch. Hruäp!

(Hildebrandt ruft Polt etwas ins Ohr.)

Polt: Was?

(Hildebrandt ruft wieder etwas Unverständliches.)

Polt schreit: Hrruäpp!!

(Die Musik bröckelt ab.)

Hildebrandt: Nein, nein, Hauptmann Schnez, diese Art Musik paßt nicht zu dem Geist der Veranstaltung. Unsere Aktion ›Essen für den Frieden‹, das muß etwas Heiteres, Beschwingtes sein; Swing, Foxtrott oder so. Was auch musikalisch die Wende irgendwie signalisiert, verstehen Sie, die Bundeswehr ist schließlich die größte Friedensbewegung in Europa!

Polt: Dafür san mir aber recht gut ausgerüstet…

Hildebrandt: Ah so, jaja…

Polt: Stillgestanden, hrruäpp!

Hildebrandt: ›Essen für den Frieden‹, das ist ein Akt der Völkerverständigung. General Ustinov aus der Sowjetunion speist mit dem Nato-Oberbefehlshaber am Heldengedenktag.

Polt: Ist des net der Volkstrauertag?

Hildebrandt: Ist dasselbe. Wissen Sie, gerade jetzt im Zeichen der Nachrüstung ist ein guter, persönlicher Kontakt unter Kollegen und Waffenbrüdern lebenswichtig geworden.

Polt: Ah ja, verstehe, genau. Hrruäpp!!

(Die Biermösl Blosn steht zackig da und spielt mit der gleichen Instrumentierung einen Foxtrott.)

Polt:	Ist dieses Geräusch genehm?
Hildebrandt:	Ja, kommt der Sache näher, aber der Reihe nach, lassen Sie mal...
Polt:	Hrruäpp!!
	(Die Musik unterbricht.)
Hildebrandt:	Tja, würde sagen: ›In medias res‹, üben wir unser Friedensessen!
Polt:	Ja, wir haben drei Gefreite Well. Well 1 wäre unser General Ustinov. Hrruäpp!
	(Well 1 tritt vor.)
	Well 2 wäre der Nato-Mann. Hrruäpp!
	(Well 2 tritt vor.)
	Und Well 3 wäre der Unsrige. Hrruäpp!
	(Well 3 tritt vor.)
Hildebrandt:	Meine Herren, nehmen Sie lockere Haltung ein! Sie sind jetzt Generäle.
Polt:	Hrruäpp!!
	(Well 1–3 stehen pseudolässig da.)

Hildebrandt: Aber sagen Sie mal, die können ja nicht mal richtig grüßen!

Polt: Ahsoja, ich hab' gmeint, jetzt sans Generäle. Des ham mer gleich. Hrruäpp!!

(Well 1–3 stehen stramm.)

Unsere Soldaten kriegen ja eh in erster Linie nur noch as Grüßen und as Saubermachen beigebracht. An Rest erledigt ja der Computer und des was dran hängt. Apropos grü-

ßen… Ich hab' jetzt wieder ein Buch gelesen.

Hildebrandt: Schon wieder eins?

Polt: Ja. Ah, es ist ein fabelhaftes Buch: »Der Untergang der Scharnhorst«. Ergreifend beschrieben, wie diese jungen Menschen, wie die damals untergegangen sind. Grüßend im Eismeer. Net wahr! Heute grüßt Sie ja keiner mehr von diesen jugendlichen Rotzlöffeln im Lift. Und drum lasse ich diese Soldaten grüßen.

Hildebrandt: Aha, also gut. Üben wir Grüßen!

Polt: Hrruäpp!

Hildebrandt: Hrruäpp! – Sie haben »die Soldaten« gesagt, Hauptmann?

Polt: Ja.

Hildebrandt: Also, Hauptmann Schnez, hören Sie mal! Gewöhnen Sie sich endlich mal die Nato-eigene Terminologie an. Wir sagen nicht mehr Soldat, sondern »menschlicher Aktivposten«.

Polt: Aha, und Zivilist ist...

Hildebrandt: Das kommt drauf an. Das teilt sich wieder in zwei Teile, in den lebendigen Zivilisten und in den toten Zivilisten. Der lebendige Zivilist heißt »Unterstützungsfaktor«, und der tote Zivilist heißt »zusätzlicher Schaden«. Damit weiß jeder vom Nordkap bis runter nach Sizilien, was gemeint ist. Übrigens, Europa ist »integriertes Schlachtfeld«.

Polt: Und Kriegsschauplatz heißt doch, glaub' ich, »War Theatre«, also Kriegstheater.

Hildebrandt: Ganz richtig, ja. Der Begriff kommt

Hier ruht
ein zusätzlicher
Schaden

allerdings mehr aus der Sicht der Amerikaner.

(Gisela Schneeberger kommt in Dienstkleidung resolut mit einem Servierwagen voll Essensattrappen auf die Bühne.)

Schneeberger: So, die Herren, auf gehts! Fasten für den Frieden. Kommens des üben.

Hildebrandt: Ja also, haben Sie »Fasten für den Frieden« gesagt? *Essen* für den Frieden, bitte. Die Aktion heißt »Essen für den Frieden«!

Schneeberger: Ah so, ja natürlich, essen, ja natürlich.
Aber, Sie, zur Probe gibts fei koa Essen, Essen gibts erst am Heldengedenktag. Sparappell, Sie wissens ganz genau! Jetzt stellns amal Ihre Generäle am Buffet auf.

Polt: Hrruäpp!!

Schneeberger: Welches von dene is jetz der General Ustinov?

Polt: Hrruäpp!

(Well 1 tritt vor.)

Schneeberger: So, gengans amal her, Herr Ustinov! So. Wir gehn also davon aus, der General Ustinov braucht einen ungehinderten Zugang zum Hummer. So. Bitte. Während der Nato-Oberbefehl... Welches ist der General Rogers?

Polt: Hrruäpp!

(Well 2 tritt vor.)

Schneeberger: Na, also gut. Herr Rogers, schauns her. Für Sie ist eine Diät-Ecke vorbereitet. So, jetzt wirds schwierig.

Hildebrandt: Diät-Ecke? Wieso Diät-Ecke?

Schneeberger: Ja, so ein Friedensessen muß doch auf die Leberwerte von die Teilnehmer abgestimmt sein, sonst ißt mir doch keiner was. Heißt doch Essen für den Frieden. Also, jetz unterbrechens net dauernd. Konzentration! Wir gehen also davon aus, daß der General Ustinov sich am Hummer festbeißt, während der General Rogers, der kriegt wieder seine Kalbsrahmnüsse im Reisrand, die ham ihm immer noch gut gschmeckt. Gel, Herr Rogers! Jetzt kanns natürlich sein, daß sich der General Ustinov zu schnell

durch den Hummer durchbeißt. Dann landet der uns aber zu früh beim Rostbeef. Weil nämlich vor dem Rostbeef, da steht a des Schüsserl mit der Majonnaise. Diese Majonnaise, die dürft aber der General Rogers niemals essen, bei seine Leberwerte. Und wo er doch noch den Wodka trinken muß. Also, Folge? Was wäre? Ja, der Dialog käme ins Stocken! Also brauch ma irgendwas dazwischen, irgendeine Art Puffer. Was nehmen wir da? Wir nehmen Huhn in Walnuß-

Wir so
a

en endlich
rüsten..!
Klar

creme, das ist ein Gericht, das beiden Generälen zusagt. Na, es is halt immer a bisserl schwierig mit so internationale Gäste.

Polt: Ja, Sie, und was kriegt der Unsrige? Der Deutsche? Hä?

Schneeberger: Der? Der ist doch nur Statist, der kriegt a Bockwurscht.
Also, ich muß jetzt weitermachen. Sie können derweil des Grüßen üben.

(Schneeberger geht ab.)

Polt: Ja, gut.

Hildebrandt: Üben wir also grüßen!

Well 1–3: Morgen, Herr Hauptmann!

Polt: Morgen, dritte Kompanie!

Hildebrandt: Nein, Herr Hauptmann, doch nicht so! So begrüßt man hier den Oberbefehlshaber. Mehr salopp, eher fast privat.

Polt: Ah so, wie unter Menschen.

Hildebrandt: Nicht wie Unter-Menschen! – Ach so, wie – wie *unter Menschen.* Ja, ja.

Polt: Na, des sans net gwohnt. Aber des haut scho hi. Da, Deckenfalten! Hrruäpp!!

(Polt wirft eine Decke auf den Boden, Well hebt sie auf und faltet sie.)

Die machen alles, was man ihnen anschafft. Des Geheimnis is a altes Armeeprinzip: Befehl und Gehorsam. Obwohl, man muß sagen, bei der Bundeswehr is es inzwischen menschlicher geworden. Weil noch beim Kaiser Wilhelm oder beim Hitler, da hieß es noch: Hrruäähurruäää!!! Während wir bei der Bundeswehr, wir sagen nur: Hrruäpp! Also, das sind halt die Liberalisierungstendenzen, eine innere Reform quasi.

Hildebrandt: Verstehe, die neue Innerlichkeit.

(Hildebrandt geht ab.)

Polt: Ja, sehr schön hat ers gmacht, ja, wunderbar. So, gleich noch einmal. Hrruäpp!

(Polt läßt die Decke fallen, der Well hebt sie wieder auf.)

Wissen Sie, ich meine, es gibt

Grenzfälle, was er nicht machen muß, nicht? Wenn ich zum Beispiel sage: »Helm ab zum Gebet.« Den Helm, den muß er runternehmen. Während das Gebet, des steht jetzt nur in seinem Ermessen. Wenn er mir natürlich nicht betet, war der ganze Befehl praktisch sinnlos. Es gibt auch den privaten Befehl, den kann, muß er aber nicht ausführen – er wird sich's aber überlegen! Wenn ich zum Beispiel einen Witz mache und ich sage: »Lachen Sie gefälligst! Hrruäpp!« und er lacht mir nicht, er lacht net... Des wird er sich schwer überlegen, weil ich hab ja da eine dienstliche Handhabe gegen ihn, nicht wahr: »Beugt das Knie! Hrruäpp!«

(Die Biermösln machen Kniebeugen.)

Schauns, des muß er wieder machen, der Soldat – äh, der Aktivposten. Des is a dienstlicher, also ein sinnvoller Befehl. Ma muß halt schaun, daß die Befehlsstruktur immer mit der Zeit geht, weil der Gehorsam, der ist zeitlos. Dann gibts noch den sogenannten »verbrecherischen Befehl«. Also Morden, Töten und so. Den soll er ja ablehnen. Aber des braucht er ja auch gar nicht mehr machen. Wir ham ja heutzutage den Computer. Der Computer befiehlts selber, und er führts dann auch gleich aus.
So, jetzt schaun mir amol, ob er was gelernt hat, net?
Lachen Sie gefälligst!
Hrruäpp!

(Die Biermösln lachen.)

Sehen Sie, er hat was gelernt!
So, das Natolied: drei, vier!

Stillgestanden!

(Polt und die Biermösl Blosn gehen im Gleichschritt ab und singen dabei ein Natolied.)

Frei sind die Lande,
frei sind die Meere,
frei sind die Lüfte,
von den Bergen bis zum Strand.
Unter der Sonne stehen unsere Heere,
einig im Geiste, gleiche Waffen
in der Hand, in der Hand,
einig im Geiste, gleiche Waffen
in der Hand.

(Gisela Schneeberger erscheint in Uniform.)

Schneeberger: Der is heut so nervös, der Hauptmann Schnez. Na ja, er hat halt Angst, daß des Friedensessen auch richtig klappt. Na ja, also, ich für meinen Teil hab da keinerlei Befürchtung, daß da was dabei rauskommt. Schauns, wir praktizieren des ja schon seit Jahren, solche Essen, und nix kommt dabei raus. Na ja, und so solls ja auch schließlich sein. Nur hats geheißen, des ganze soll ma diesmal a bißl mehr aufbauen, publik machen, schließlich muß man ja diesem unverschämten ›Fasten für den Frieden‹ mal was entgegensetzen...

Aber es bleibt wieder im selben intimen Kreis, man kennt die Eßgewohnheiten von die Herrschaften, alles wunderbar. I bin ja nur froh, daß dieser Herr Gibbs net mitißt. Erst hats nämlich geheißen, ein Herr Isiah Gibbs schließt sich diesmal an, des is so a amerikanischer Stabsfeldwebel, a Spezialist für Massengräber. Aber jetzt is er so ausgebucht mit seinem Know-how. Er macht grad a Europatournee. Die Leute hier ham in solchen Dingen keine Erfahrung – nicht mehr, und hier soll ja des Ganze stattfinden. Ja, solche Spezialisten wie den Gibbs muß es scho auch geben. Nach jeder Schlacht muß aufgeräumt werden, und man kann nicht erwarten, daß für jeden Toten ein fahnengeschmückter Einzelsarg bereitsteht. Des hat der amerikanische Armeesprecher gsagt. Und recht hat er: Die Technik fordert eben ihren Preis! Schauns her. Alles wollns ham: Sie wollen an Fernseher ham, a Auto, a Bügeleisen – aber sterbn wollns net! Des is doch schon dekadent. Des san doch schon richtige Verfallserscheinungen! Jetzt passens amal auf, so ganz unter uns... Im Grunde meines Herzens bin ich ja auch ein Pazifist. Der Neffe von

meinem Schwager, der war erst kürzlich bei der Friedensdemo dabei. Ja, des ist, bei uns a alte Familientradition. Ja, aber mein Schwager sagt auch, ma kann nix machen. Ja, was wolln Sie machen? Na, also, mein Schwager sagt auch, er kann nix machen. Was soll jetzt *ich* machen?
Sicher, es wern jetzt immer mehr, aber was san a paar Millionen Friedliebende gegen a Handvoll Politiker? Die müssen ja Entscheidungen treffen, und davon steigen die Rüstungsaktien. Vor zwei Jahr hab ich mir schon mal drei Rheinmetall-Aktien kauft. Sie, die san nach dem Natodoppelbeschluß naufganga, also sagenhaft! Und jetzt hab ich mich grad bei Kraus-Maffei mit auch a Aktie eikauft – ein prima Tip vom Hauptmann Schnez! Die Schweizer ham doch grad die 400 Leos kauft, gel, also, wenn ich Ihnen an Tip geben darf: Wenns Geld anlegen wollen – nur Rüstungsaktien! Die steigen in Friedenszeiten, und in der Krise no mehr! Also, obwohl ich ja a überzeugter Pazifist bin, anundfürsich, aber man muß eben immer alles von zwei Seiten sehn...
Und man kann ja wirklich nix machen. Selbst der Herr Reagan, der

kann ja auch nix machen. Der Herr Reagan, den suchen ja in letzter Zeit so auffallend häufig so Weltuntergangsvisionen heim. Aber was soll er da machen? Wissens, was der gsagt hat? I les Ihnen amal was vor. Des ist die Abendzeitung vom Montag. Also, in der Süddeutschen is es auch gstandn, aber bitte, auf gehobenerem Niveau. Aber ich les Ihnen jetz amal die einfache Fassung vor:

»*Reagan erwartet in naher Zukunft das Jüngste Gericht.* US-Präsident Reagan hält es für durchaus möglich, daß der Welt in naher Zukunft das Jüngste Gericht und die Entscheidungsschlacht zwischen Gut und Böse droht, wie es in der Offenbarung Johannis geschrieben steht.«

Sagns, was soll der Reagan machen gegen solche Visionen? Na ja, der Psychiater könnt vielleicht was machen. Aber da geht er uns ja nicht hin, der Herr Reagan!

Mein Schwager hat scho recht, ma kann nix machen.

Aber der Herr Wörner, der ist jetzt menschlich so enttäuscht von uns. Er hat des jetzt in einem Interview gesagt, des is sehr interessant. Da hat der Wörner gesagt: »Wenn ich

SS 20

mich draußen mit den Gemeinden herumschlage, dann finde ich dort häufig genug ein Verständnis des menschlichen Lebens, mit dem ich große Schwierigkeiten habe. Eine Verabsolutierung des Überlebens in einer Art und Weise, bei der ich mich manchmal frage, ob sie wirklich noch mit dem Grundgehalt des christlichen Glaubens übereinstimmt.«
Also auf deutsch gsagt: Wir hängen ihm zu sehr am Leben, dem Herrn Wörner. Ja, und jetzt mag er nimmer. Jetzt hat er sich a Haus in Florida kauft, und da wird er dann sitzen neben dem Herrn Gibbs und wird sich unser Massensterben im Fernsehen anschaun. Und dazwischen dann noch die Coca-Cola-Werbung.

Toll, die bringen das Live im Fernsehen!

Das augustinische Mäh des Monsignore Höpfinger

Hildebrandt	Der Herr sei mit Euch, Schwester!
Schneeberger:	Grüß Gott, Monsignore Höpfinger. Jetzt sans zu spät. Das Richtfestessen von die Pershing-II-Rampen ist schon vorbei.
Hildebrandt:	Nein, nein, ich brauche ein neues Weihwasser-Set. Aber die Quickausführung. Wir haben eine Wahnsinns-Konjunktur zur Zeit. Eine Raketen-Startrampe nach der anderen bedarf des himmlischen Segens.
Schneeberger:	Kriegen Sie da keine Schwierigkeiten, Hochwürden, wenn Sie immer diese supermodernen Rüstungswaffen segnen? Ich mein, so als Mensch?
Hildebrandt:	Der Herr kennt die Sein'n.
Schneeberger:	Was, Design?
Hildebrandt:	Nein, *die Seinen.* Augustinus: Es ist nicht die Aufgabe eines Christen, das Leben zu verabsolutieren, son-

dern die Seele zu pflegen. Dies Leben ist ein Jammertal.
Wenn ich mich draußen mit den Gemeinden herumschlage, dann finde ich dort häufig genug ein Verständnis des menschlichen Lebens, mit dem ich große Schwierigkeiten habe…

Schneeberger: Ach, Sie meinen, was der Herr Wörner gesagt hat. Aber der Neffe von meinem Schwager sagt, grad die Kirche müßte doch bei diesem Wahnsinn…

Hildebrandt: Auch mir stellt sich manchmal diese Frage, wenn ich Software für den dritten Krieg… äh, Weltkrieg… segne oder einen Killersatelliten per Video einweihe. Glauben Sie mir, aber es steht uns Christen nicht an, in die Belange einer demokratisch gewählten Regierung einzugreifen.

Schneeberger: Is des auch vom Herrn Wörner?

Hildebrandt: Nein, also spricht Kardinal Höffner – unser Oberhirte.

Schneeberger: Ja, aber was ist Ihre persönliche Meinung dazu?

Hildebrandt: Ich? Ich sage Mäh.

CCCP
US

Schneeberger: Wie?

Hildebrandt: Mähh.

Schneeberger: Ahja, das augustinische Mäh.

Hildebrandt: Nein, mehr ein veterinärisches Mäh. Sagen Sie mal, hier soll doch irgendwo ein Buffet aufgebaut sein.

Schneeberger: Da.

Hildebrandt: Ja, aber da ist ja noch gar nichts, sapperlot!

Schneeberger: Ja mei, Sparappell, Hochwürden. Wir proben ja erst den Ernstfall. Das Arrangement steht, aber das Material kommt erst am Heldengedenktag.

Hildebrandt: Um des lieben Friedens willen, geben Sie mir doch bitte einen Hummer.

Schneeberger: Mit Hummer sieht's schlecht aus, aber ein paar Landjäger haben wir da. Für Sie immer. Kommens, Hochwürden.

Was brauchen die Soldaten

(Biermösl Blosn)

Was brauchen die Soldaten,
wenn sie ins Feld marschiern,
vallera,
was brauchen die Soldaten,
wenn sie ins Feld marschiern.

Es braucht der Soldat ein Bajonett
aufm Gewehr,
dann wird er im Nahkampf den Ra-
keten schon her,
die 's Vaterland anvisiern, vallera,
die 's Vaterland anvisiern.

Was brauchen die Soldaten,
wenn sie ins Feld marschiern,
vallera,
Was brauchen die Soldaten,
wenn sie ins Feld marschiern?

Es braucht unterm Helm einen
Kopf der Soldat,
damit er was auf seiner Uniform
hat,
wenn H-Bomben detoniern, vallera,
dann kann ihm nichts passiern.

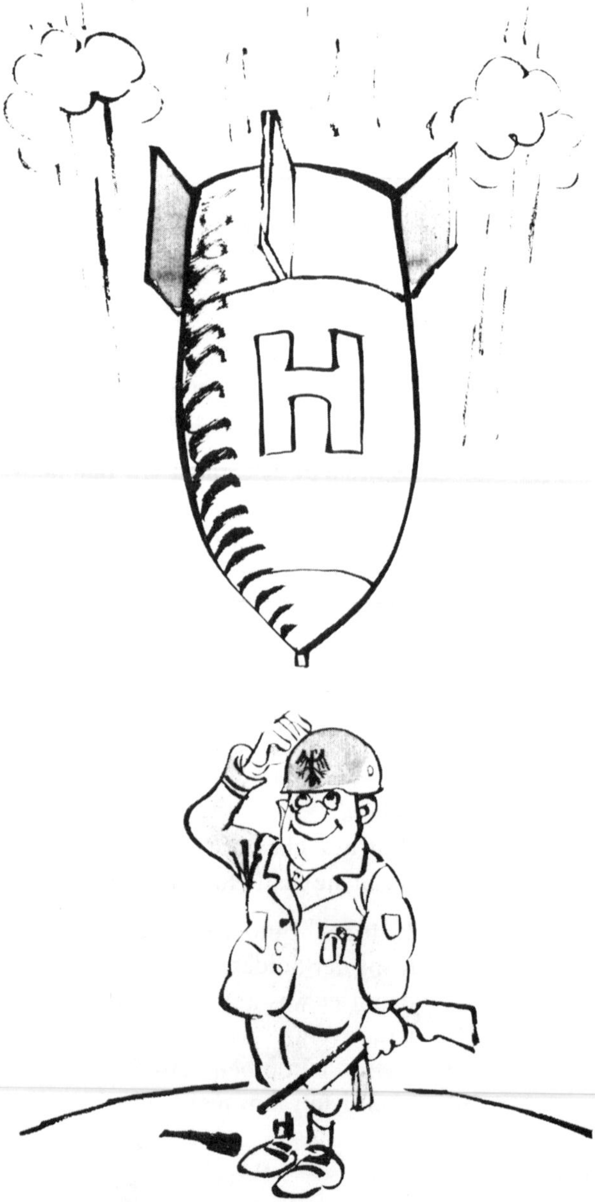
H

Was brauchen die Soldaten,
wenn sie ins Feld marschiern,
vallera,
was brauchen die Soldaten,
wenn sie ins Feld marschiern.

Zum Laufen, da braucht er Stiefel,
net z'schwer,
wenn vom Weltraum der Laser
strahlt hinter ihm her,
Satelliten attackiern, vallera.
Dann kann er schnell marschiern.

Was brauchen die Soldaten,
wenn sie ins Feld marschiern,
vallera,
was brauchen die Soldaten,
wenn sie ins Feld marschiern.

Er braucht Tapferkeit, Gehorsam
und Drill
zum Strammstehn beim elffachen
Overkill.
Dann kann er salutiern, vallera,
dann kann er salutiern.

Was brauchen die Soldaten,
wenn sie ins Feld marschiern,
vallera,
was brauchen die Soldaten,
wenn sie ins Feld marschiern.

Eine Gasmaske braucht der Soldat
im Gesicht,
dann riecht er den Leichenverwe-
sungsgestank nicht.
Denn Tote transpiriern, vallera,
denn Tote transpiriern.

Was brauchen die Computer,
wenn sie ins Feld marschiern,
vallera,
was brauchen die Computer,
wenn sie ins Feld marschiern?

Keine Gasmasken brauchens und
auch kein Gewehr,
380 Volt Gleichstrom und a Mikro-
Software.
Input, Output, kaputt, vallera.
Hurra, hurra, der Herbst ist da.

Krieg hochgerechnet

(Gisela Schneeberger kommt als Technikerin auf die Bühne, gefolgt von Dieter Hildebrandt, ebenfalls als Techniker. Später kommt Gerhard Polt als Hauptmann Schnez dazu.)

Schneeberger: Also, i vertrag dieses Kantinenessen einfach nimmer.

Hildebrandt: Mahlzeit.

Schneeberger: Mahlzeit. Schauns amal, Kollege, was Sie ham liegenlassen: Floppy-Disk*), Geheimstufe 1.

Hildebrandt: Um Gottes willen, das ist das Programm für den Nahostkrieg! Bitte, tun Sie es sofort wieder hin, wo's hingehört.

Schneeberger: Daat der den Nahostkrieg einfach so rumliegen lassen! Is doch gefährlich! Überhaupt, wo warn denn Sie?

Hildebrandt: Ich war bloß mal weg.

*) Floppy-Disk = materialisierte Software, Computerprogramm

Schneeberger: Ja wo, wo...?

Hildebrandt: Ja wo, wo, wo! Wenn Sie's genau wissen wollen, ich mußte mal raus.

Schneeberger: Ja, und wer hat nacha den Computer bewacht?

Hildebrandt: Ich denke, Sie!

Schneeberger: Sie wissen ganz genau, daß wir den Giganten nur gemeinsam bedienen können.

Hildebrandt: Dürfen!

Schneeberger: Können, dürfen – ist doch wurscht!

Hildebrandt: Nein.

Schneeberger: Herrschaft na, da geben wir jedes Jahr zweihundert Milliarden aus. Das sind zweihunderttausend Millionen Mark. Nur damit wir vier Minuten schneller san als die russischen Raketen. Und da gengan Sie zum Bieseln! Gut, daß er koan Stuhlgang ghabt hat, sonst wärs no teurer worn.

Hildebrandt: Ja, ja, lachen Sie, lachen Sie nur! Aber mir ist auf der Toilette die Lösung des Problems eingefallen.

Ja, das Problem ist nämlich folgendes: Wie und wann müssen die Supermächte ihre Raketen bei Ausbruch eines Weltkrieges abschießen, damit sie ihren Sieg, das heißt die Vernichtung des Gegners, noch zur Hauptsendezeit im Fernsehen sehen können – bevor sie selber vernichtet werden?

Schneeberger: Das wird, glaub ich, schwierig werden, wegen der Zeitverschiebung.

Hildebrandt: Ja, es geht nur so. Passen Sie auf! Also, die Russen müssen ihre SS 20 genau um 19 Uhr 57 Moskauer Zeit – und da muß in Moskau noch Sommerzeit sein, während bei uns keine mehr ist – abschießen, während wir die Pershing um 18 Uhr 59 – also zwei Minuten nach den Russen, das nennt man *flexible response* – abschießen, und dann könnten die Russen ihren Sieg, also unsere Vernichtung, in der Tagesschau melden, und wir sehen unseren Sieg in der »Heute«-Sendung. Wenn allerdings die Supermächte sich nicht an diesen Zeitplan halten, dann kann man sich den nächsten Weltkrieg nur noch im österreichischen Fernsehen ansehen. Denn die sind neutral und souverän.

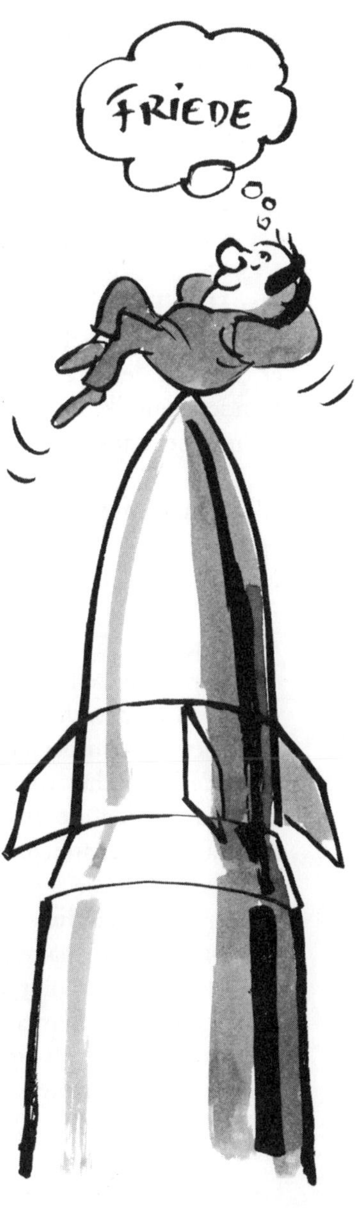
FRIEDE

Polt: Souverän! Der Herr Kohl ist auch souverän.

Hildebrandt: Kohl souverän?

Polt: Ja, der schaut nämlich einfach souverän zu, was da alles los ist.

Schneeberger: Der Herr Doktor Kohl, der weiß schon, was er macht. Vielleicht wird er dadurch der letzte Kanzler der Bundesrepublik. Nur so kommt ma in 'n Brockhaus.

Hildebrandt: Wenn man souverän ist?

Schneeberger: Nein, wenn man Kohl heißt.

Polt: Aber Sie, mir san ja so souverän, daß mir schon seit Kriegsende auf unsere Hoheitsrechte verzichten. Da wärs doch gleich besser, mir würdn ein amerikanischer Bundesstaat werden, da würden die uns doch schon ganz anders behandeln.

Hildebrandt: Ja, dann würden die sich das mit der Stationierung ganz gut überlegen, weil wir wären ja dann ein Staatsgebiet und kein strategisches Gebiet mehr...
Und dann müßte die DDR ja an Rußland fallen.

Polt: Ja, und der Rest von Europa, der müßte zu Liechtenstein, weil des is neutral. Ja, das wär überhaupt *das* Geschäft, wenn die Liechtensteiner, sagen wir, an jeden Europäer, der will, einen Paß auf den Markt schmeißen...
Sagen wir, einen Paß zu einem Preis... also sagn ma amal, so um die 24 Mark 80 herum, net wahr? Also, das wär was. Der würde weggehen, der Paß, wie die Pommes frites. Weil Sie müssen sich vorstellen, so ein Liechtensteiner, der bräucht ja dann keine Steuern mehr zahlen, oder fast keine mehr, die europäische Nationalstaatenstruktur bliebe erhalten und Europa wäre liechtensteinisiert.

Hildebrandt: Ja, da haben Sie gar nicht so unrecht. Und die Großmächte hätten dann ja nur die Nationalstaaten als Hilfe, nicht? Aber nicht nur die Leute! Denn wir Liechtensteiner würden uns ja an so einem Krieg gar nicht beteiligen. Liechtenstein ist ja ein Kleinstaat. Liechtenstein ist ja viel zu klein. Ist ja kleiner als 'ne Landebahn von einem Tornado.

Polt: Ja, klein, aber fein!
Also, da haben Sie vollkommen

H
US
CCCP

recht, aber wärs da net gescheiter, den ganzen Wahnsinn, diesen Krieg, wenn mer den ins Weltall verlegt? Dann hätt mer da herunten net so viel kaputt, und mer könntens doch mal im Kosmos so richtig schnalzen lassen, so richtig unten durch krachen lassen – wie in so am Science-Fiction-Ding, net wahr! Was meinen Sie, wieviel Nationalgrenzen im All noch nicht definiert sind!

Hildebrandt: Halt, Moment – Peru!

Polt: Peru?

Hildebrandt: Peru hat das gegenwärtige Territorium schon in das Weltall hochrechnen lassen.

Polt: Sapperlot! Aber viele Grenzkonflikte harren einer kriegerischen Auseinandersetzung im All!

Hildebrandt: Das ist eine Materialfrage. Also, wenn der Honecker im Andromeda-Nebel diese Mauer wieder bauen will, müßte der eine unglaubliche Menge Fertigbeton in das Weltall schießen.

Exkurs über die Nekrophilie

Schneeberger: Wissen Sie, was Nekrophilie ist? Der Erich Fromm, dieser Psychoanalytiker, beschreibt die nekrophile Veranlagung ungefähr so: Des sind Menschen, die sich von toten Gegenständen angezogen fühlen, weil sie Angst vor dem Lebendigen haben. Auf deutsch gesagt, sie ham a Auto lieber wie a Kind, und a Rakete no lieber, weil die Rakete nicht nur was Totes ist, sondern auch noch an Tod bringt. A ganz kleins bißl is a jeder von uns nekrophil. Mir wissen alle, daß täglich 20000 Kinder verhungern, aber a Blechschaden am Auto, da können mir uns mehr aufregen.

Erkennen kann man hochgradig Nekrophile oft schon an den toten, stumpfen Augen, dann haben sie meistens an verächtlich strengen Mund, so zugekniffen, und die Nase sieht so aus, als hätten sie ständig an schlechten Geruch um sich.

Die Psychoanalyse beschreibt Nekrophilie als a schwere Gemütskrankheit... so wies halt den Herrn Reagan heimgesucht hat. Aber die ganzen Nekrophilen gehn nicht in psychiatrische Behandlung, sondern in die Politik. Noch amal Fromm: Charakteristisch für den nekrophilen Menschen ist seine Einstellung zur Gewalt. Gewalt ist für ihn die Fähigkeit, einen Menschen in einen Leichnam zu verwandeln. Wissens was, ich hab den Eindruck, die gehen alle nur in die Politik, weil die da ihren Charakter am besten ausleben können.

Sie, ich hab a Kind daheim, des is a ganz a netter Kerl, und manchmal denk ich mir, wenn die so weitermachen, erlebt er vielleicht nicht mal mehr den nächsten Sommer. Aber ich glaub, des is so Leuten wie Wörner – wissens, solche mit die stumpfen Augen und so am verächtlich strengen Mund – solche wie Weinberger, Ustinov, Andropow, Ghadafi, Khomeini und wies alle heißen, dene is des wurscht. Aber deswegen kanns doch mir nicht wurscht sein, daß es dene wurscht is...

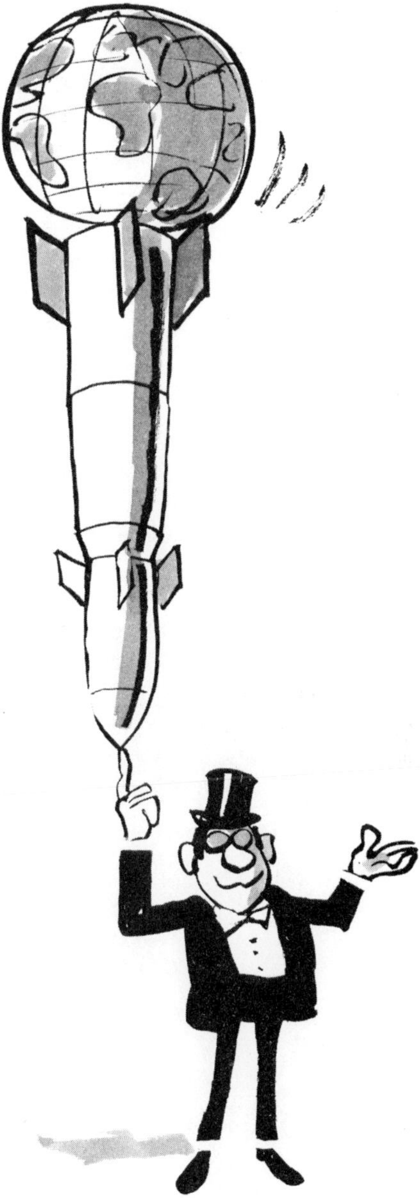

»Also mal ganz als ich selber...«

Hildebrandt: Herr Mielke...
Der Mielke, das ist der andere Erich in der DDR drüben, der Minister für Staatssicherheitsdienst, der dafür zu sorgen hat, daß der Staat in Sicherheit vor dem Volk...
Herr Mielke, eine Frage: Wenn eure Besatzungsmacht unsere Besatzungsmacht – oder umgekehrt –, wenn also die eine die andere erstschlägt oder zweitschlägt, dann bleibt ja gar nichts mehr übrig von dieser Friedensgrenze. Im übrigen müssen Sie gar keine Angst... Der hat immer so 'ne Angst, der Herr Mielke. Als sie die Selbstschußanlagen abbauen wollten, da hat der eine wahnsinnige Angst gehabt. – Herr Mielke, Sie brauchen keine Angst zu haben, es passiert Ihnen nichts. Die schicken Sie schon nicht zu uns rüber, wie den Biermann oder so, nein, nein! Da sorgt schon der oberste Stasi-Chef dafür, daß das nicht...
Herr Mielke, wenn jetzt diese Friedensgrenze hin ist, dadurch, daß durch den Erstschlag oder den Zweitschlag... Haben Sie da keine

Angst... Ich meine, da kommt doch alles durcheinander... Denn das Max-Planck-Institut hat gesagt, Herr Mielke, daß nach einem Atomkrieg 30 Tage tiefste Nacht im Norden Europas ist. Haben Sie da nicht Angst, daß Sie sich dann in der Nacht verirren und vielleicht in Ihre eigenen Minen latschen?
Wissen Sie, Herr Mielke, ich sage das jetzt ganz im Ernst, diese Sicherheitsgrenze müßte jetzt aus Sicherheitsgründen sofort abgebaut werden. Warum? Weil dann würden sich unsere beiden deutsch-deutschen Völker wieder vermischen, und dann wüßten unsere Schutzmächte nicht, wohin sie schießen sollen – ihre Raketen. Und wissen Sie, dann würde nämlich auch spätestens das rauskommen, was ich ja immer schon vermutet habe, daß wir für die gar nicht so wichtig sind. Die brauchen bloß einen Trainingsplatz.
Herr Mielke, sehen Sie, auf Dauer können wir uns diese Art von Konflikt sowieso nicht mehr leisten, denn die Überlebensmittel – ich meine die Waffen... also die Friedenswaffen – ja, die sind ja schon 30000mal teurer als die Lebensmittel. Anders ausgedrückt: Auf Dauer

können wir uns diese Art von Frieden gar nicht mehr leisten.
Und ideologisch? Ach Gott, ist doch völlig egal, auf welchen Wegen wir wieder zum Drei-Klassen-System zurückkehren, das wissen Sie doch ganz genau, Herr Mielke!
Und der Kommunismus? Mein Gott, da müssen Sie sowieso noch mal von vorne anfangen, das klappt ja nicht.
Herr Mielke, wenn Sie jetzt die Grenzen ganz... aber ganz vorsichtig natürlich, sonst drohen Ihnen ja Ihre Freunde, und die kommen Ihnen ja sofort zu Hilfe, Sie wissen ja, ein Telefonanruf heute... das wissen Sie ja noch... ob von Budapest, Afghanistan oder von Prag aus – ein Anruf genügt, und schon kommen die Freunde... oder Grenada, nicht?
Ehrlich, Herr Mielke, kommen Sie sich auch so *dazwischen* vor?

Kriegsgräbervorsorge

(Gisela Schneeberger kommt mit einer Sammelbüchse zu Hildebrandt auf die Bühne, später gefolgt von Polt.)

Schneeberger: Bitte eine kleine Spende für die Kriegsgräbervorsorge...

Hildebrandt: Schon wieder die mit ihren Sammelbüchsen. So um den Volkstrauertag schießen die wie Pilze aus dem Boden. Nein danke, ich hab' schon. Kriegsgräberfürsorge...

Schneeberger: Nein, nein. *Vorsorge!* Wir sammeln jetzt nicht für den Weltkrieg I oder II, sondern für den nächsten, da muß ma vorher sammeln.

Hildebrandt: Sind Sie sicher, daß mein Geld beim richtigen Empfänger ankommt?

Schneeberger: Ja, ja, also, wenn Sie jetzt spenden, dann kommt das Geld noch sicher in Amerika an, bevor es hier bei uns losgeht. Ja, unsere amerikanischen Freunde haben uns versprochen, den Europa-Gedanken hochzuhalten. Die bauen ja dort grad so a

Museum, so a Art Europa-Disneyland. Also, die machen des prima! Sogar des Waldsterben wird naturgetreu nachgebaut. Also, hörens amal gut zu, meine Damen und Herren! Wenn Sie zu Hause irgendwelche persönlichen Erinnerungsstücke haben, alte Fotos mit Baudenkmälern oder so, oder auch alte Tagebücher – bitte, nicht wegwerfen! Überlassen Sie alles unserer Organisation. Wir leiten alles direkt weiter an unsere amerikanischen Freunde. Europa soll ja so naturgetreu wie möglich rekonstruiert werden.

Polt: Sie, des is a guter Zweck, dafür spend ich. Ich spend Ihnen an Euroscheck, ich fülln aus.

Schneeberger: Na, also bitte, des tut mir leid, aber Euroscheck, Eurocard und solche Zahlungsmittel können wir für unseren Verwendungszweck nicht gebrauchen. Wer solls denn auch einlösen! Ja, also, American Express – jederzeit.

Polt: Sie, da fragt ma sich doch manchmal... Ich mein, mir san doch 300 Millionen Europäer, mehr Einwohner, als die Russen haben oder die

Amerikaner. Und die stellen da bei uns die Raketen umeinander, grad wies wollen! Die sprechen immer nur von zwei Himmelsrichtungen – Ost, West. Ja, des is doch a Schmarrn! Ich mein, das beste Schnitzel gibts immer noch in Wien, und das beste Gulasch kriegn Sie nur in Budapest, eine gute Bouillabaisse ausschließlich in Frankreich. Und sogar der Hamburger schmeckt in Hamburg besser wie in Iowa.
Schaun Sie, jetzt sag ich Ihnen mal was: Ich mein, der Russe... das Feindbild – der Russe, net... Ich mein, der Kontakt zum Russen ist ja gewissermaßen seit der letzten Kriegsgefangenschaft ziemlich abgerissen. Der Russe...
Ich war ja drüben, aber wie soll ma den Russen, mein Gott... Der Russe ist natürlich sehr vielfältig, verstehen Sie, es gibt ihn zum Beispiel in der Form von jüngeren Russen, net? Den Russen gibts auch älter... in der Form vom Senior praktisch, nicht wahr... Der Russe, eh... Was, farblich? Ja, er geht praktisch vom Flachsblonden... geht der Russe hinüber ins Braune, also bis ins Kastanienbraune, nicht wahr, rothaarig ist auch dabei... Ja,

schwarzhaarig... Na ja, also bis ins Grau-Weiße geht er hinein, zweifellos...
Interessant ist der Russe... Da hab ich a interessante Beobachtung gemacht: Also, so im Herbst, wissens, was er da macht? Der Russe, da zieht er sich an Mantel an, und so a Mütze... Des macht er gern. Und im Sommer, da läuft er, wenns heiß is, direkt hemdsärmelig herum. Net wahr. Wissens, was er gern mag??? A Eis. A Speiseeiserl.
Wissen Sie, ich muß Ihnen noch was sagen. Es ist ja schon interessant: Wenn er grinst, der Russe, oder wenn er lacht, wissens, was ma da glauben könnte? – Da könnt ma glaubn, der hat a Gaudi!
Ich habe folgende Beobachtung gemacht... muß ich Ihnen schildern, weil – das ist interessant: Ein Russe, ein weiblicher, beugt sich über einen so winzigen, klitzekleinen Russen... so a gewindelter Russe, net wahr. Und ich mein, sprachlich kann ichs nicht so, aber ich versuchs. Er sagt da zu dem kleinen Russen: »Gugguggug, dadadada«. Und dieser kleine Russe, der hat gestrahlt! Dem is der Diezl ausm Mund gfalln. Der war restlos begeistert!

Was er nicht mag, der Russe, des is der Krieg. Den mag er gar net – interessanterweise. Den lehnt er direkt ab. Ma könnt sagn, er hat Angst davor.
Aber wissen Sie, des is des, was ma dazu sagn kann. Die haben Angst. Und drum frag ich Sie: Wenn dieser Russe kommt... verstehn Sie... wissen Sie, was dann los ist? – Der Russe wenn kommt, dann is er da.

Wirf du ihn zuerst weg ...

Der Russ, der kommt

(Biermösl Blosn)

Der Russe kommt, der Russe
kommt, der Russe kommt,
dös is ganz gwiß!
Ja weil der Russ, ja weil der Russ,
ja weil der Russ
ein Russe is,
ja, ja, und wann er dann vor Platt-
ling steht,
von dort aus nach Altötting geht,
ja, liabe Leut, dös is doch gwiß,
daß da Russ dann nicht auf Wall-
fahrt is!

Der Russe kommt, der Russe
kommt, der Russe kommt,
dös is ganz gwiß.
Ja weil der Russ, ja weil der Russ,
ja weil der Russ
ein Russe is.
Ob er aber über Oberammergau
oder aba über Unterammergau,
oba um Ulm oda um Ulm rum kimmt,
ob er aber überhaupt net kimmt...

Der Russ, der kommt, der Russ der
kommt, der Russ, der kommt,
des is ganz gwiß.

ANHANG

Pershing-2: Warten auf den Atomkrieg in Deutschland

von Dr. J. Wernicke, Berlin

Nach 38 Jahren wird in Deutschland wieder von Kriegsgefahr gesprochen. Seit Ende 1983 zielen erstmals Atomraketen von deutschem Boden auf die Sowjetunion. Der amerikanische Präsident spricht vom begrenzten Atomkrieg, begrenzt auf Europa. Amerikanische Truppen üben den Atom- und Giftgaskrieg in Hessen, sowjetische Truppen in Polen. Die Bundesregierung überläßt den USA vertraglich für den Kriegsfall den Flughafen Frankfurt (1).
Hunderttausende protestieren gegen die neuen Atomraketen. Ärzte und Krankenschwestern verweigern Pflichtübungen in Kriegsmedizin. Droht ein Krieg? Ist es heute nicht mehr wahr, daß es im Atomkrieg keinen Sieger geben kann, daß Atomkrieg deshalb undenkbar ist? Ist das, was wir heute erleben, eine neue Gefahr oder ist es nur ein neuer Aufguß alter sowjetischer Propaganda?

Das Ende der atomaren Abschreckung

Ein Blick zurück. In den 50er Jahren hatten sich die USA mit ihren Atombombenflugzeugen erstmals die Fähigkeit verschafft, jedes Land der Erde zu zerstören, auch Rußland. Die Russen konnten damals alle ihre Nachbarländer atomar zerstören, aber noch nicht das ferne Amerika.
In den 60er Jahren war die Waffentechnik dann so weit, daß die beiden Supermächte einander mit Atomraketen vernichten konnten, und zwar auch noch als Opfer eines Atomangriffs. Beide Supermächte besaßen hierfür besondere Atomraketen, die sie sicher (in unterirdischen Bunkern und in

U-Booten) aufbewahrten und die selbst nach einem Großangriff der anderen Seite noch vernichtende Rache üben konnten, den sogenannten »Zweitschlag«. Raketentypen trugen die Namen von Rachegöttern: Thor, Atlas, Titan.
Fast zwei Jahrzehnte lang, bis Ende der 70er Jahre, hieß es: »Wenn einer auf den Atomknopf drückt, geht er selber mit hoch, deshalb wird keiner drücken.« Als eine Hoffnung in der Gefahr des atomaren Untergangs hat sich dieses »Gleichgewicht der Abschreckung« in den Köpfen der um die Zukunft fürchtenden Menschen festgesetzt, als Halt gegen die Angst.
Da ein Ausweg nicht in Sicht war, verstummten die Fragen, wie rechtmäßig und moralisch eigentlich eine »Verteidigung« ist, die fremden Völkern den Rachemord für Fehler von Regierungen androht, die diese Völker nicht einmal wählen durften. Die Drohung mit Verbrechen wie Auschwitz, Coventry, Dresden, Hiroshima war zum Alltag in der Politik geworden.
So unbefriedigend das »Gleichgewicht der Abschreckung« auch war, es hätte Bestand haben können, wenn irgendwann in den 60er Jahren beide Supermächte übereingekommen wären, ihre Atomwaffenvorräte nicht mehr weiterzuentwickeln, sondern »einzufrieren«. Doch dazu kam es nicht, denn das »Gleichgewicht der Abschreckung« war niemals ein Gleichgewicht, sondern war stets ein Rüstungswettlauf, Kopf an Kopf, angetrieben durch den technischen Fortschritt und durch den Willen jeder Supermacht, doch einmal aus der blockierenden »Unentschieden«-Situation heraus die Überlegenheit zu gewinnen und damit die Handlungsfreiheit zurückzuerhalten. Längst war den Politikern die Entwicklung entglitten. Die Technik bestimmte die Militärstrategien, und die Militärstrategien bestimmten die Politik.
Die Konstruktionsbüros der Rüstungszentren hatten bereits in den 60er Jahren begonnen, das »Gleichgewicht der Abschreckung« anzusägen, lange bevor die Öffentlichkeit dies bemerkte. Das »Gleichgewicht der Abschreckung« steht und

fällt mit den »Zweitschlagwaffen«, also den sicher aufbewahrten Atomraketen: das sind hauptsächlich interkontinentale Landraketen, die aus unterirdischen Bunkern abgefeuert werden, und U-Boot-Raketen, die in der Weite der Weltmeere verborgen aus getauchten U-Booten starten. Damit ist aber auch klar, wie dieses »Gleichgewicht« zu kippen ist: Sieger im Atomkrieg kann werden, wem es gelingt, die gegnerischen Zweitschlagwaffen in ihren bislang sicheren Verstecken zu zerstören. Keine Mobilmachung, keine Kriegserklärung, sondern ein Überfall »aus heiterem Himmel«. Dieser atomare Überfall wird »Erstschlag« genannt: Wer zuerst schießt, kann als Sieger überleben.

Anfang der 70er Jahre fanden beide Supermächte das Rezept zum Erstschlagsieg im Atomkrieg und bemühen sich seither um die nötigen Zutaten:

1. Man nehme große Mengen zielgenauer, schneller Atomraketen gegen die verbunkerten Landraketen, vor allem aber gegen die verbunkerten Führungszentren, ohne deren Befehle keine Rakete starten kann.
2. Man nehme Anti-U-Boot-Waffen gegen die Raketen-U-Boote.

   Wozu eigentlich Zielgenauigkeit? Wozu muß eine Atomrakete, die eine ganze Stadt verwüstet, auf Meter genau treffen? Sie muß es, wenn es darum geht, eine militärische Bunkeranlage zu zerstören, also einen Raketenbunker oder eine Befehlszentrale, die Ziele des Erstschlages. Die Atombombe einer solchen »Bunkerknacker«-Rakete frißt einen Krater von der Größe eines Wohnblocks in die Erde, wie ein Schweißbrenner in Pulverschnee. Jeder Bunker im Kraterbereich, egal, wie hart in Stahl und Beton, wird zerstört. Nach einer solchen Atomexplosion ist eine Fläche von der Größe einer Stadt unter einer meterdicken strahlenden Ascheschicht begraben. Noch Hunderte Kilometer in Windrichtung regnet die radioaktive Asche zu Boden und vergiftet Menschen und Natur. Atomwaffen, die »nur« militärische Ziele zerstören, zugleich aber die Bevölkerung schonen, gibt es nicht, kann es nicht geben.

In der Tat ging es um etwas Neues: Schnelligkeit und Zielgenauigkeit, die Merkmale von Erstschlagwaffen, sind für die Zweitschlagwaffen zur Abschreckung nutzlos. Für Zweitschlagwaffen zählt nur, daß sie nach einem Angriff noch einsatzbereit sein können.
Seit den 70er Jahren wucherten die Atomwaffenvorräte der Supermächte geschwulstartig über das zur Abschreckung »notwendige« Maß hinaus: Jede neue Rakete auf einer Seite zog eine gegnerische »Nachrüstung« mit mehreren Raketen nach sich, gefolgt von einer »Nach-Nachrüstung« der ersten Seite mit noch mehr Raketen, usw. Bald konnten sich die Supermächte zweimal vernichten, dann zehnmal, heute etwa dreißigmal. Ginge es nur um die Abschreckung, so könnte jede Supermacht *einseitig* 95 Prozent ihrer Atomwaffen verschrotten, ohne an Sicherheit zu verlieren. Aber es geht eben nicht mehr um die Abschreckung: Alle jahrelangen Abrüstungsverhandlungen blieben erfolglos, während zugleich beide Supermächte weiter aufrüsteten.

Das Wettrüsten des reichen Zehntels der Menschheit läuft auf Kosten der armen neun Zehntel: Täglich verhungern auf der Erde 20000 Kinder, also alle 3 Tage ein Kinder-Hiroshima. Für die 3 Milliarden DM, die die Rüstung täglich kostet, könnte man jedem dieser Kinder eine Villa schenken.

Inzwischen ist durch die verbesserte Zielgenauigkeit die Zeit der Landraketen als Zweitschlagwaffen zu Ende gegangen. Für beide Supermächte ist die Chance herangewachsen, sich ihre Landraketenbunker gegenseitig zu zerstören. Verbunkerte Landraketen als Zweitschlagwaffen sind heute von frag-

lichem Wert. Solche Landraketen bilden nur einen kleinen Teil der amerikanischen Atomstreitmacht, sind aber die Hauptstütze der sowjetischen Atomstreitmacht. Daß diese Landraketen nun verwundbar geworden sind, gibt den USA einen Vorteil.
So bleiben als vermeintlich sichere Zweitschlagwaffen nur die U-Boot-Raketen. U-Boot-Raketen sind die Hauptstütze der amerikanischen Atomstreitmacht, sind hingegen nur ein kleiner Teil der russischen Atomstreitmacht (2). Bei den U-Boot-Raketen haben wiederum die USA einen entscheidenden Vorteil: Sie können – mit Hilfe von Mikrofonen und ihrer überlegenen Computertechnik – die russischen Raketen-U-Boote schon beim Auslaufen aus den Häfen orten, auf ihren Tauchfahrten lückenlos verfolgen und jederzeit mit großer Wahrscheinlichkeit zerstören, bevor diese U-Boote auch nur eine einzige Rakete gegen die USA abfeuern können (3); die russischen Raketen-U-Boote haben somit ihren Wert als Zweitschlagwaffen eingebüßt. Die sowjetische U-Boot-Abwehr ist umgekehrt nicht in der Lage, die zahlreicheren und leiseren amerikanischen U-Boote aufzuspüren (4); die amerikanischen U-Boote sind nach den Worten einer NATO-Studie »auf See im Grunde unverwundbar« (5).

> Die großen Raketen-U-Boote sind nicht mit solchen kleinen U-Booten zu verwechseln, wie sie wiederholt in schwedische Gewässer eingedrungen sind.

So haben nur noch die USA die Fähigkeit zum gesicherten Zweitschlag mit ihren Raketen-U-Booten, die Sowjetunion hat diese Fähigkeit weitgehend verloren.
Das »Gleichgewicht der Abschreckung« ist also vorbei, obwohl viele Menschen – auch Politiker – dies nicht wahrhaben wollen. Die Waage hat sich zugunsten der USA geneigt, weil technische Entwicklungen einen Teil der amerikanischen, aber alle sowjetischen Zweitschlagwaffen verwundbar gemacht haben. Freilich ist noch keine Supermacht in der Lage,

heute schon einen erfolgversprechenden Erstschlag zu führen.

Aber die Entwicklung treibt scheinbar unaufhaltsam auf die Fähigkeit zum Erstschlag zu. Erstschlag wird möglich durch moderne Anti-U-Boot-Waffen und durch eine neue Generation von Atomraketen mit hoher Zielgenauigkeit und zugleich stark verkürzter Flugzeit. Voraussetzung für kurze Flugzeit ist eine kurze Flugstrecke: Die Raketen müssen nahe der Landesgrenze des Gegners abgefeuert werden, also vom Boden verbündeter Länder oder von U-Booten aus angrenzenden Gewässern.

Die technisch führende Supermacht, die USA, ist auf dem Wege zur Erstschlagfähigkeit bereits heute zweifach im Vorteil: durch ihre überlegene U-Boot-Abwehr und durch die ersten erstschlagtauglichen Raketen, die »Bunkerknacker« Pershing-2, die seit Ende 1983 in der Bundesrepublik stehen, 12 Flugminuten von Moskau.

Spätestens 1988 werden die USA die Fähigkeit entwickelt haben, die Befehlszentren, Landraketen und U-Boot-Raketen der Sowjetunion binnen Minuten zu zerstören, also einen Erstschlag mit Aussicht auf »Sieg« zu führen.

1988 wollen die USA die neuen U-Boot-Raketen Typ Trident-II fertiggestellt haben (6), »Bunkerknacker« wie die Pershing-2-Raketen, aber auf amerikanischen U-Booten stationiert, damit unverwundbar und unabhängig von der Stationierungserlaubnis deutscher Regierungen. Zugleich sollen weitere Rüstungsprojekte abgeschlossen sein (7): Neue Präzisionslenkungen für die alten Landraketen und U-Boot-Raketen, neue Interkontinentalraketen MX, Flügelbomben Cruise Missile auf Flugzeugen und Schiffen, all dies metergenau gelenkt durch einen erdumspannenden Schwarm von Ortungssatelliten *Navstar*.

(Die Cruise würden über einer durch Atomexplosionen veränderten Landschaft ihren Weg nicht mehr finden; die Satelliten wären nach kurzem Kriegsverlauf durch Atomexplosions-Impulse und Anti-Satelliten-Waffen außer Funktion gesetzt – weitere Hinweise auf die Erstschlagsrolle der neuen Waffen.)

Die Sowjetunion kann umgekehrt die Fähigkeit zum Erstschlag auf absehbare Zeit nicht gewinnen, allein mangels geeigneter und sicherer Abschußmöglichkeiten vor den Landesgrenzen der USA und mangels der Fähigkeit, die amerikanischen Raketen-U-Boote aufzuspüren. Diese Mängel kann die Sowjetunion bis auf weiteres nicht ausgleichen, auch nicht durch noch so viele neue Raketen.
Selbst wenn nur eine Supermacht die Fähigkeit zum Erstschlag hat, dann löst die erste ernste Krise – auch ohne politische Kriegsabsicht – den Atomkrieg aus, weil beide Supermächte unter dem Zwang stehen, zuerst loszuschlagen, dem Gegner zuvorzukommen. Die Entwicklung der neuen erstschlagtauglichen Atomwaffen muß in Kürze gestoppt werden (»Freeze«), und die Atomwaffen müssen weltweit in die Eigentümerländer zurückgedrängt werden (»atomwaffenfreie Zonen« und »atomwaffenfreie Meere«). In Europa sind die vier Atomwaffenstaaten zugleich die einzigen Staaten, die noch immer politische Probleme mit militärischer Gewalt lösen – Beispiele aus jüngster Zeit: Afghanistan (Sowjetunion), Grenada und Libanon (USA), Falkland (England), Tschad (Frankreich). Der Ersteinsatz von Atomwaffen muß international geächtet werden (»No First Use«). Lassen sich diese Schritte nicht durchsetzen, dann wird ab 1988 ein großer Atomkrieg der Supermächte durch Erstschlag unausweichlich.
Ganz gleich, welche Seite einen Erstschlagskrieg begonnen hat und ob es einen »Sieger« gibt: Für Europa ist ein solcher Krieg der Supermächte das Ende der Geschichte. Auch würde der Erstschlags-»Sieger« an seinem Erfolg nicht froh: Selbst bei »vorsichtigstem« Atomwaffeneinsatz würden in einem Erstschlags-Atomkrieg bestimmt ein Zehntel der weltweit gelagerten Atomwaffen explodieren, überwiegend in Europa

und der Sowjetunion. Die dadurch verursachten Umweltveränderungen machen – nach Auffassung der Mehrheit der Fachwissenschaftler – das Überleben von Menschen auf dem Planeten Erde unmöglich. Die derzeitige amerikanische Strategie geht über diese Tatsachen hinweg.

Schon seit Jahren wächst mit dem Wettrüsten eine aberwitzige Gefahr heran, die gewiß niemand beabsichtigt hat: Beide Supermächte haben elektronische Warnsysteme aufgebaut, die permanent im Einsatz sind, um einen gegnerischen Angriff sofort zu erkennen. Diese Computersysteme sind zu gigantischer, unüberschaubarer Größe ausgewuchert. Die amerikanischen Warncomputer melden inzwischen etwa alle 3 Tage einen Fehlalarm. Noch hat die Warnzeit stets ausgereicht, um Fehlalarme aufzudecken, und ein Gegenschlag soll erst erfolgen, wenn wirkliche Einschläge gegnerischer Raketen bestätigt wurden.

Dennoch beschäftigte sich der amerikanische Kongreß in letzter Zeit mehrfach besorgt mit der Gefahr, daß die Warncomputer selbst einen Krieg auslösen könnten – ohne daß irgend jemand »auf den Knopf drückt«.

So sind die Atomwaffen und Warnsysteme, die durch Abschreckung den Atomkrieg verhindern sollen, selbst zu einer immensen Kriegsgefahr durch technische oder menschliche Fehler geworden. Die atomare Abschreckung hat sich selbst ausgehöhlt: Fehler und Irrtümer lassen sich durch Abschreckung nicht verhindern.

Die Stationierung moderner Typen erstschlagfähiger Raketen spitzt nun die Gefahr des irrtümlichen Atomkrieges dramatisch zu: Diese Raketen können direkt die Befehlsbunker zerstören (ältere Raketentypen hätten diese Ziele zumeist verfehlt), und sie lassen nur noch wenige Minuten Warnzeit (gegenüber früher einer halben Stunde). Melden die Warncomputer einen Angriff, so bleibt der Führung in den bedrohten Befehlsbunkern keine Zeit für Fehlerprüfungen und überlegtes politisches Handeln. Die einzige Möglichkeit: Sofortiges Abfeuern der eigenen Raketen.

Die Bundesregierung verharmlost: »Die Möglichkeit, daß Krieg durch einen technischen Fehler oder Irrtum ausgelöst werden könnte, ist praktisch ausgeschlossen.« (16) Nur: Kein Deutscher kennt das westliche Warnsystem, geschweige denn das östliche. Experten schätzen, daß die Warnsysteme noch weitaus gefährlicher sind als Kernkraftwerke (27).

Obwohl erst 1988 eine Supermacht die Fähigkeit zum Erstschlag erlangt haben wird, spitzt schon heute die Stationierung erstschlagfähiger Waffen die Gefahr des Atomkriegs durch Computerfehler zu. Die Logik des atomaren Erstschlags ist schon im Entstehen eine Wahnsinnslogik.

Pershing-2: Magnet für den Atomkrieg in Deutschland

Seit Ende 1983 werden 108 amerikanische Pershing-2-Atomraketen in der Bundesrepublik – und *nur* in der Bundesrepublik – aufgestellt, die modernsten Atomraketen der Welt, superzielgenaue »Bunkerknacker«, unter rein amerikanischem Befehl, Flugzeit bis Moskau 12 Minuten, zu kurz für irgendeine Warnung.

Dazu werden 464 landgestützte Flügelbomben Cruise Missile stationiert, zunächst nur in England und Italien. Diese Cruise Missiles erscheinen militärisch als sinnlos, angesichts der vielfachen Anzahl von Cruise Missiles für amerikanische Schiffe und Flugzeuge, auf denen diese Waffen weit weniger verwundbar sind. Sollen die westeuropäischen Cruise Missiles die Öffentlichkeit von der Einzigartigkeit und Gefährlichkeit der Pershing-2 ablenken?

Die Bundesregierung begründet die Stationierung der Pershing-2 als notwendige »Nachrüstung« gegen die Aufstellung sowjetischer SS-20-Raketen. Die SS-20 hätte die Bundesrepublik derart in Gefahr gebracht, daß die Pershing-2 als Gegenwaffen notwendig seien, um das gestörte Abschreckungsgleichgewicht bei den landgestützten Mittelstreckenraketen in Europa wiederherzustellen. Die Pershing-2 seien also unentbehrlich für unsere Sicherheit.

Testen wir, wie stichhaltig diese amtliche Begründung für die Pershing-2-Stationierung ist.

Wie groß ist die atomare Bedrohung aus der Sowjetunion? Abgesehen davon, daß die SS-20 ältere Vorgängertypen SS-4/5 abgelöst haben: Nicht nur SS-20-Raketen, sondern Tausende Atomsprengköpfe auf sowjetischen Interkontinentalraketen können auf uns gerichtet werden, wie die Bundesregierung bestätigt (17). Rein technisch ist die SS-20 auf dem Stand westlicher Raketen von etwa 1970 (12). Die Sowjetunion kann also mit den SS-20 nichts, was sie nicht ohne SS-20 ebensogut kann. Eine 90fache Vernichtungsstärke ist für uns nicht bedrohlicher als eine 80fache Vernichtungsstärke. Gewiß sind die SS-20 eine Bedrohung, aber – entgegen der amtlichen Behauptung – sind sie keine *neue* Bedrohung. Zu welchem militärischen Zweck die Sowjetunion die SS-20 überhaupt aufgestellt hat, ist bisher ihr Geheimnis geblieben: »Die Bundesregierung stimmt der Auffassung zu, daß es für die Aufstellung von 351 SS-20-Systemen keine militärische Begründung gibt.« (18)

Wird die Bedrohung durch sowjetische Raketen dadurch kleiner, daß Pershing-2 in unserem Land stehen? Nein, ganz im Gegenteil: Die Sowjetunion hat als Gegenmaßnahme angekündigt, neue Kurzstreckenraketen in der DDR aufzustellen (19). Deren mutmaßliche Ziele: Die Pershing-2-Basen in Süddeutschland.

Werden die Pershing-2 als Gegenwaffen gegen die SS-20 gebraucht? Selbst wenn es so wäre: die Pershing-2 können diese Gegenwaffen nicht sein, denn sie können die tief in der Sowjetunion stehenden SS-20-Basen gar nicht erreichen. Hingegen gibt es auf westlicher Seite längst Hunderte von U-Boot-

Raketen, die sämtlich in der Nordsee bei Helgoland auffahren können und die genau das leisten, was die Pershing-2 nicht können: Die SS-20-Stellungen ins Ziel nehmen.
Kurzum: Die Pershing-2 haben mit den SS-20 nichts zu tun.
Werden die Pershing-2 gebraucht, um ein »Gleichgewicht der Abschreckung bei den landgestützten Mittelstreckenraketen in Europa« zu erhalten? Ein solches isoliertes »Gleichgewicht« hat es niemals gegeben, es wäre auch sinnlos angesichts Tausender land- und seegestützter Atomwaffen kurzer, mittlerer und interkontinentaler Reichweite auf beiden Seiten, die allesamt auf Europa zielen können. Dieses merkwürdige »Gleichgewicht« wurde offenbar von den Supermächten für die Genfer Raketen-Verhandlungen erfunden, um – jede Seite für ihre Zwecke – die öffentliche Meinung in Westeuropa, vor allem in der Bundesrepublik, zu beeinflussen.
Werden die Pershing-2 gebraucht, um eine atomare Überlegenheit der Sowjetunion auszugleichen und die Abschreckung durch militärisches Gleichgewicht sicherzustellen? Beide Supermächte horten heute solche Massen von Atomwaffen, daß sie sich gegenseitig einige zigmal vernichten können. Worte wie »Gleichgewicht« und »Überlegenheit« sind längst bedeutungslos geworden. Obendrein bilden die 108 neuen Pershing-2-Raketen noch nicht einmal ein Hundertstel des westlichen Atomwaffenvorrats.
Aber selbst wenn man voraussetzt, daß die Pershing-2-Raketen für die Abschreckung gebraucht würden, dann stellt sich heraus: Die Pershing-2 *können* gar nicht abschrecken. Die Raketen sind nämlich so verwundbar stationiert, daß es der Sowjetunion jederzeit möglich ist, die Raketen am Boden zu zerstören.

Die Pershing-2-Raketen stehen in bekannten US-Basen in Süddeutschland (Schwäbisch-Gmünd, Neu-Ulm, Heilbronn: nach Angaben der amerikanischen Herstellerfirma der Pershing-2 [21], von der Bundesrepublik als Geheimnis gehütet). Die Raketen stehen dort nun aber nicht etwa in unterirdischen Betonbunkern (wie die Atomraketen in den USA), sondern offen und ungeschützt in Garagenhallen. In Spannungszeiten sollen sie sogar herausgefahren werden und ungeschützt durch die Bundesrepublik rollen, in auffälligen Schwerlastzug-Kolonnen (36 Einheiten zu je 4 Sattelschleppzügen [29]), nur gut 100 km von der Ost-West-Grenze entfernt, für jedermann sichtbar, jederzeit aus dem Hinterhalt oder durch Tieffliegerangriffe zerstörbar.

Nach Ausbruch eines Krieges wären die Raketen als erste und wichtigste Ziele der Sowjetunion in Minutenschnelle zerstört – ob die Pershing-2 im Kriegsfall einsetzbar sind, das entscheidet nicht die NATO, sondern die Sowjetunion. Für die Abschreckung eine absurde Stationierungstechnik.
Alles in allem: Die Pershing-2-Raketen nützen uns nichts. Die amtliche Begründung für die Pershing-2-Stationierung ist sachlich nicht haltbar.

Die Bundesregierung im Weißbuch 1983: »Die Pershing-2 und Cruise Missiles sollen ihrem Zweck im Dienste nuklearer Abschreckung erfüllen«. (16) Der ehemalige amerikanische Verteidigungsminister McNamara: »Es gibt für die NATO keine militärische Notwendigkeit, Pershing-2 und Cruise Missiles aufzustellen, um eine stabile Abschreckung aufrechtzuerhalten.« (30) Wer weiß es besser?

Die verwundbare Stationierungstechnik der Pershing-2-Raketen zeigt: Die Raketen können nach einem gegnerischen Angriff nicht mehr eingesetzt werden, sie sind nur brauchbar für den Einsatz in Friedenszeiten, also für Angriff und Drohung. Damit sind sie verfassungswidrig (nach Artikel 26 des Grundgesetzes).
Diese Eigenschaften machen die Pershing-2-Raketen zu einer Lebensgefahr für die Bundesrepublik. Warum? Die Sowjetunion macht keinen Hehl daraus, daß sie die Pershing-2 als die gefährlichste aller Atomwaffen der USA ansieht, als Waffe

gegen die sowjetischen Befehlszentren, zur sogenannten »Enthauptung« der Sowjetunion: Wegen ihrer kurzen Flugzeit und ihrer einzigartigen Zielgenauigkeit bringen die Pershing-2-Raketen *erstmals* die wichtigsten sowjetischen Befehls- und Nachrichtenbunker in unmittelbare Gefahr. *Erstmals* ist die sowjetische Führung praktisch ohne Vorwarnzeit persönlich ins Ziel wirklich treffsicherer westlicher Raketen geraten.

Umgekehrt hat die Sowjetunion auf absehbare Zeit keine Chance, die amerikanische Führung ebenso zu bedrohen, allein mangels einer Abschußrampe vor den Grenzen der USA. (Die Stationierung sowjetischer Raketen auf der Insel Kuba – wie vor zwanzig Jahren – ist nicht mehr möglich, seit 1967 Lateinamerika von der UNO zur atomwaffenfreien Zone erklärt wurde [Vertrag von Tlatelolco].)

Die sowjetischen Befürchtungen sind durchaus nicht aus der Luft gegriffen: Das amtliche »Leitlinien-Dokument 1984–88« des US-Verteidigungsministeriums nennt den »Enthauptungsschlag« als wichtigsten Teil der amerikanischen Militärstrategie der nächsten Jahre (8). Was damit gemeint ist, beschreibt der US-Regierungsberater Colin Gray anschaulich so: »Nehmen wir an, es handele sich um hundert Ziele. Wenn wir alle diese hundert Ziele treffen könnten, würden wir jedes Mitglied des Politbüros erwischen, jedes Mitglied des Zentralkomitees, wir würden alle entscheidend wichtigen Bürokraten töten, wir würden also dem sowjetischen Huhn den Kopf abschneiden.« (11). 100 Ziele – 108 Pershing-2-Raketen in der Bundesrepublik. Nur in der Bundesrepublik. Sonst nirgendwo.

Die Bundesregierung widerspricht: Die Pershing-2, Reichweite etwa 1800 km (1000 US-Seemeilen), reichten gar nicht von der Bundesrepublik bis Moskau (16), auch seien es zu wenige für einen Enthauptungsschlag. Die Landkarte indessen zeigt: Von allen Orten östlich der Linie Passau – Bayreuth – Hildesheim – Cuxhaven erreicht die Rakete mit der amtlichen Reichweite Moskau. Die Reichweite von 1800 km ist keineswegs eine technische Obergrenze: Die Herstellerfirma bietet eine Pershing-2-Ausführung mit 3 Sprengköpfen an (21): Reichweite 2600 km (20). Wie viele Pershing-2-Raketen letztlich in der Bundesrepublik stehen sollen, ist unklar. Der Stationierungsbeschluß der NATO von 1979 besagt »108 Abschußgeräte« – nicht Raketen. Die Bundesregierung gibt an: 108 Raketen. Das amerikanische Beschaffungsprogramm sieht vor: 385 Raketen (10).

Noch nie war die Sowjetunion so bedroht, wie sie es seit der Aufstellung von Pershing-2-Raketen in der Bundesrepublik ist. Weder ist eine Abwehr anfliegender Pershing-2-Raketen möglich, noch kann selbst die stärkste sowjetische Aufrüstung die Bedrohung durch die Pershing-2-Raketen beseitigen.

Der ehemalige sowjetische Botschafter in Bonn, Falin, warnt: »Es genügt ja auch schon ein Computer-Irrtum. Den amerikanischen Computern sind zwischen 1978 und 1980 in zwanzig Monaten 170 Fehler unterlaufen, auch mit unseren Computern kann etwas geschehen. Wenn nun die Pershing-2 nur noch sechs bis zehn Minuten entfernt sind – glauben Sie, da wird es noch eine Politbüro-Sitzung, eine Tagung des Zentralkomitees geben? Die einzige Möglichkeit, die der anderen Seite dann verbleibt, heißt doch: Abschießen, solange die Kommandozentralen noch nicht zerstört sind.« (19) Seit der Stationierung der ersten Pershing-2-Raketen hängt also unser Schicksal Tag und Nacht in jeder Sekunde am seidenen Faden der Fehlerfreiheit der russischen Warncomputer. Die Pershing-2-Raketen sind damit die gefährlichsten Waffen der Welt, der scharfe Zufallszünder für den Atomkrieg, ein unerträgliches Risiko.

Überdies gibt die Möglichkeit eines Computerfehlers der Sowjetunion im Prinzip einen glaubwürdigen Vorwand, die

Pershing-2-Stellungen vorsätzlich zu zerstören. Erstmals kann für die Sowjetunion ein atomarer Angriff gegen die Pershing-2-Stellungen – als vorgetäuschter Irrtum – weniger riskant sein, als die Bedrohung durch die Pershing-2-Raketen zu dulden.

Ein Szenario, das ab 1984 jederzeit Wirklichkeit werden kann: Sowjetische Atomraketen zerstören überraschend die Pershing-2-Basen Schwäbisch-Gmünd, Heilbronn und Neu-Ulm. Minuten später informiert der sowjetische Staatschef telefonisch den amerikanischen Präsidenten über diesen »tragischen technischen Irrtum«. War es nun ein echter oder ein vorgetäuschter Fehler? Die USA müssen annehmen, daß der »Fehler« fingiert ist, daß die sowjetischen Streitkräfte in höchster Alarmbereitschaft sind, daß beim ersten Anzeichen einer amerikanischen militärischen Vergeltung sowjetische Atomraketen auch gegen die USA starten. Dem US-Präsidenten bleibt in dieser Lage nichts übrig, als die Sowjetunion öffentlich zu verurteilen, ansonsten gar nichts zu tun. Der Preis: einige Millionen tote Deutsche; Süddeutschland auf Generationen unbewohnbar; Chaos und Elend in der Bundesrepublik.

Für die USA sind die Pershing-2-Raketen in der Bundesrepublik ein Gewinn ohne Risiko: Günstigstenfalls greift die Sowjetunion die Pershing-2-Stellungen nicht an, dann können die USA die neuartigen politischen und militärischen Möglichkeiten der Pershing-2 nutzen. Schlimmstenfalls zerstört die Sowjetunion die Pershing-2-Basen, dann trägt die Bundesrepublik den Schaden.
Die Pershing-2-Raketen haben Süddeutschland aus der atomaren Abschreckung ausgekoppelt, haben drei deutsche Städte zum atomaren Abschuß freigegeben. Es gibt deshalb kein wichtigeres Ziel, als die Pershing-2-Raketen schnellstens wieder aus dem Land zu schaffen, bevor die Katastrophe geschieht.

Entweder wir beseitigen die Pershing-2-Raketen, oder die Pershing-2 beseitigen uns.
Kein Deutscher, nicht einmal der Bundeskanzler selbst, weiß, was, wieviel und mit welchen Sicherheitsvorkehrungen da wirklich stationiert wird; denn die Bundesregierung verzichtet auf ihr souveränes Kontrollrecht der US-Basen, ja sie weist solche Kontrollen zurück, mit dem Hinweis auf das Vertrauen zu den USA (22). Der amerikanische Präsident hat von der Bundesregierung die Blanko-Ermächtigung erhalten: Er darf unkontrolliert Atomraketen stationieren und er darf die Raketen nach eigenem Ermessen einsetzen, ohne daß ein Deutscher ihn dann noch hindern kann. Ist es glaubhaft, daß unter diesen Bedingungen ein amerikanischer Präsident Raketen aufstellt, deren Reichweite wenige Kilometer vor Moskau endet?

Die Bundesregierung beruhigt: Ein Einsatz der Pershing-2-Raketen würde nur nach den Einsatzplänen der NATO erfolgen, und bei der Aufstellung dieser Pläne würde die Bundesrepublik »konsultiert« (22). Nur: Die Entscheidungsgewalt über die Raketen liegt gar nicht bei der NATO, sondern allein beim US-Präsidenten (23). Der kann sich an die NATO-Pläne halten, muß es aber nicht. Die NATO kann den US-Präsidenten weder zwingen noch hindern, Pershing-2-Raketen abzufeuern. Überdies unterstehen im Frieden die US-Truppen in der Bundesrepublik nicht der NATO, sondern nur amerikanischem Befehl; diese Truppen können im Krieg der NATO unterstellt werden, müssen es aber nicht.
Angenommen, US-Truppen würden in einen Krieg verwickelt, etwa im Nahen Osten – dann kann der US-Präsident mit seinen Pershing-2-Raketen in der Bundesrepublik drohen und sie sogar abfeuern, ohne die Bundesregierung auch nur davon zu informieren. Dies sogar, ohne gültige Verträge zu brechen, als rechtmäßige Selbstverteidigung der USA. So kann es zu der absurden Situation kommen,

daß Pershing-2-Raketen aus der Bundesrepublik Moskau vernichten, ohne daß die Bundesrepublik angegriffen wurde oder überhaupt davon weiß – ein verfassungswidriger Angriffskrieg, der von deutschem Boden ausgeht, für den *wir* verantwortlich sind: *Wir* hätten in solchem Falle das Abfeuern der Raketen verhindern können und müssen. Ohne Pershing-2-Raketen haben sich solche Probleme nicht gestellt, weil keine der in der Bundesrepublik stationierten Atomraketen bis in die Sowjetunion reichte. Nun, mit Pershing-2-Raketen in der Bundesrepublik, ist es nicht nur technisch möglich, sondern ist es auch amtliche Strategie der USA: Seit 1981 bekundet die US-Regierung die Absicht, eigene nationale Kriege aus der Dritten Welt in das NATO-Gebiet auszudehnen (»horizontale Eskalation«) (24). Auf diese Weise können uns die USA jetzt gegen unseren Willen in einen Krieg hineinziehen – ein Bruch des NATO-Vertrages.

Die Blanko-Ermächtigung für den US-Präsidenten zur unkontrollierten Stationierung und zum alleinigen Einsatzbefehl von Pershing-2-Raketen ist eine beispiellose Verletzung der Souveränität der Bundesrepublik.
Wer hat eigentlich über die Raketenstationierung entschieden? Die Stationierung ist keine NATO-Entscheidung, sie ist keine amerikanische Entscheidung, sondern eine *rein deutsche* Entscheidung, wie die Bundesregierung bestätigt (24). Unsere Souveränität ist Recht und Pflicht zugleich. Weder der NATO-»Doppelbeschluß« noch irgendein Ergebnis von Verhandlungen – in denen wir gar nicht mitverhandelt haben – können uns zwingen, die fremden Raketen in unserem Land zu dulden. Solange wir die Raketen aber dulden, solange sind es nicht die Amerikaner (die können sagen: Die Deutschen wollten ja die Raketen), sondern dann sind es *wir*, die für alle Folgen der Stationierung verantwortlich sind.
Gewiß wird niemand die US-Regierung verdächtigen, vorsätzlich einen Pershing-2-Angriff gegen die Sowjetunion zu

unternehmen. Andererseits geht es bei Atomwaffen um die Frage von Leben und Tod von Staaten.
Auch das größte Vertrauen zwischen Bündnispartnern kann Kontrollen der Atomwaffen im eigenen Land nicht ersetzen. Im Gegenteil: Kontrollen geben dem Vertrauen erst die rechte Grundlage.

Man stelle sich umgekehrt vor, die Bundeswehr würde in New York Atomraketen gegen die Sowjetunion stationieren, ohne Mitspracherecht der USA – so etwas erscheint schlicht undenkbar.

Die Bundesrepublik, das meistgefährdete Land der Erde

Auch ohne Pershing-2-Raketen ist die Bundesrepublik in ihrem heutigen höchst verletzlichen Zustand längst nicht mehr zu verteidigen, weder gegen atomare noch gegen konventionelle Angriffe, schon allein wegen der Atomkraftwerke: Eine einzige Fliegerbombe nach Art des Zweiten Weltkriegs, zielgenau auf ein Atomkraftwerk geworfen, kann eine Kernschmelze schaffen, einen wochenlang brodelnden radioaktiven Vulkan, der im Umkreis von Hunderten Kilometern alle Menschen und Tiere vergiftet und qualvoll zugrunde gehen läßt.
Die Bundesrepublik ist Mitglied der NATO. Die Bundesregierung stellt fest: »Nur im Atlantischen Bündnis (NATO) kann unser Land Schutz und Sicherheit finden.« Der ehemalige US-Verteidigungsminister McNamara, einstiger Architekt der heutigen NATO-Strategie, warnt hingegen heute vor dieser Strategie: »Worüber sich die Westdeutschen klar werden müssen, das ist, daß ihr Kulturkreis völlig verwüstet wird, wenn sie sich weiter an die NATO-Strategie halten.« (25)
Wo liegt der Widerspruch? Jederzeit kann ein Krieg von ir-

gendeiner Ecke der Welt nach Europa übergreifen oder etwa durch einen Computerfehler ausbrechen. Nicht nur die Sowjetunion, sondern ebenso die USA können die Bundesrepublik gegen ihren Willen in einen Krieg hineinziehen. Es ist gewiß eine rechtmäßige Forderung an ein Verteidigungsbündnis, daß Verbündete unter keinen Umständen Atomwaffen gegen andere Verbündete einsetzen. Die NATO erfüllt diese Forderung nicht: Die NATO-Strategie besteht auf dem Einsatz, sogar dem Ersteinsatz, von Atomwaffen, auch auf dem Gebiet der Bundesrepublik. Die USA und Großbritannien haben sich in der NATO die Alleinverfügung über ihre Atomwaffen vorbehalten. Die Bundesregierung nimmt noch immer hin, daß die USA und Großbritannien jederzeit ihre Atomwaffen auf deutschem Boden einsetzen können, ohne daß Deutsche sie daran hindern können (kein Veto-Recht). 5000 Atombomben, Reichweite meist unter 30 km (9), lagern in der Bundesrepublik, dazu mindestens 2000 Tonnen Giftgas, völkerrechtlich geächtet; kein anderes Land der Welt gestattet den USA noch die Lagerung von Giftgas. Frankreich – seit 1966 nicht mehr Mitglied der NATO-Militärorganisation – zielt mit seinen Atomraketen Typ »Pluton« auf den Schwarzwald und entwickelt einen Nachfolgetyp »Hades« für die gleiche Aufgabe. Für uns in der Bundesrepublik macht es keinen Unterschied, ob Atombomben, die in unserem Land explodieren, von der Sowjetunion im Angriff oder von den USA, England oder Frankreich zur »Verteidigung« gezündet werden.

Die deutsche Bundesregierung ist – mit ihrem eigenen Einverständnis – im Moment eines Kriegsausbruchs entmachtet, kann im Krieg nicht einmal gegen den Willen ihrer Verbündeten kapitulieren, um einen Rest der Bevölkerung zu retten. Der Oberbefehl über die Bundeswehr geht im Kriegsfall auf die NATO und damit letztlich auf den amerikanischen Präsidenten über – die Bundeswehr wird zu einer amerikanischen Fremdenlegion. Die NATO-Truppen können dann auf deutschem Boden kämpfen, wie und womit sie wollen, mit Atom-

bomben, Giftgas, Streubomben – kein Deutscher kann sie hindern. Diese Art der Kriegführung ist für die US-Truppen in ihrer neuen Heeresdienstvorschrift (»Field Manual 100-5«) verbindlich festgelegt; die Bundesregierung hat dagegen zwar »Bedenken« erhoben (28), die notwendigen praktischen Hinderungsvorkehrungen sind jedoch unterblieben.
Schon heute ist die östliche Hälfte der Bundesrepublik als Schlachtfeld (»Combat Zone«) der NATO ausgewiesen, mit Billigung der Bundesregierung. Das dort lebende Drittel unserer Bevölkerung ist schon im voraus abgeschrieben, hat im Kriegsfall keine Überlebenschance; den Menschen dort bliebe im Kriegsfall nur, apathisch auf den Tod durch östliche oder westliche Waffen zu warten. Zivilschutz, ohnehin in kaum nennenswertem Umfang vorhanden, ist sinnlos, solange in der Bundesrepublik Atomwaffen, Giftgaslager und Kernkraftwerke geduldet werden (13). Ein drastischer Vergleich soll die Lage des Zivilschutzes in der Bundesrepublik deutlich machen: Die Regierung verteilt Brandsalbe an einzelne Bürger, läßt aber zugleich das Land mit Benzin übergießen und gibt den Verbündeten die Streichhölzer.
Kein anderes Land der Erde schwebt durch die eigene militärische Verteidigung in solcher Vernichtungsgefahr wie die Bundesrepublik. Keine deutsche Regierung hat jemals ihre eigene Bevölkerung derart fremden Mächten ausgeliefert. Keine.
Aus der Sicht der Westalliierten mag dies alles zweckmäßig sein. Aus deutscher Sicht ist es selbstmörderisch. Absurd erscheint der Gedanke, daß die Westalliierten in ihren eigenen Ländern deutschen Truppen beliebige Atomwaffeneinsätze gestatten könnten, wie es diese Länder in der Bundesrepublik für sich beanspruchen.
Muß es eigentlich so sein, daß die Bundesrepublik in der NATO die größten Lasten und das größte Risiko trägt und daß sie trotzdem in jedem Krieg vernichtet wird? Nein, es geht auch anders: Frankreich ist Mitglied der NATO (aber nicht der NATO-Militärintegration) und duldet keine frem-

den Truppen auf seinem Gebiet. Die NATO-Mitglieder Dänemark und Norwegen lassen keine Atomwaffen und keine fremden Truppen zu.
Was soll eigentlich verteidigt werden? Das Weißbuch 1970 der Bundesregierung beantwortet die Frage: »Die Sicherheitspolitik jeder Bundesregierung muß Gewähr leisten für das Überleben der Bundesrepublik und ihrer Bürger.« Im Weißbuch 1983 kommt das Überleben nicht mehr vor: »Die Sicherheitspolitik der Bundesregierung ist auf die Erhaltung des Friedens in Freiheit und Unabhängigkeit gerichtet« (16). Kann es Freiheit ohne Menschen geben? Heute droht uns nicht mehr nur die mögliche Unterwerfung durch die Sowjetunion, also der Verlust der Freiheit, sondern weit mehr die Gefahr der Vernichtung in einem Krieg, den die Atomwaffenmächte bisher ungehindert in unserem Land führen können und mit dessen Entstehen wir gar nichts zu tun haben. Nicht nur die Sowjetunion, sondern auch die USA, England und Frankreich würden im Kriegsfall Atomwaffen auf dem Gebiet der Bundesrepublik einsetzen; deshalb sind unsere möglichen Gegner alle vier Atomwaffenmächte in Europa, nicht nur die Sowjetunion. Unsere natürlichen Verbündeten sind die Nicht-Atomwaffenstaaten.
Das Ziel der Sicherheitspolitik der Bundesregierung muß sein: Alle Atomwaffenmächte, gleich, ob »gegnerisch« oder »verbündet«, daran zu hindern, ihre Kriege in unserem Land zu führen, sowie jegliche Einsätze von Atomwaffen und Giftgas gegen Ziele in der Bundesrepublik zu verhindern.

Gewiß gilt es, jeden Krieg, nicht nur den Atomkrieg, zu verhindern, aber es gibt doch prinzipielle Unterschiede: Jeder konventionelle Krieg läßt sich beenden, ein Atomkrieg von einer bestimmten Stufe an nicht mehr; sein Ende ist das Ende ganzer Länder und Völker, wenn nicht der Menschheit. Und: Der Atomkrieg hinterläßt ein radioaktiv verseuchtes Land, das auf lange Zeit unbewohnbar bleibt. Das Wort »Atom-*Krieg*« ist nur ein Hilfsbegriff; unsere Sprache kennt kein Wort für eine solche künstliche Katastrophe.

Atombomben können nur zerstören, was sie angeblich schützen sollen. Dazu locken sie als Atomziele gegnerische Atombomben an. Sie sind also doppelte Gefahrenquellen. Atombomben sind keine Kriegswaffen, sondern völkerrechtswidrige Massenvernichtungsmittel. Jeglicher Atomwaffeneinsatz, gleichgültig, aus welchem Grunde, ist ein Verbrechen gegen das Völkerrecht (u. a. Haager Landkriegsordnung 1907, Genfer Giftgasprotokoll 1925 wegen radioaktiver Giftwirkung, Genfer Abkommen von 1949 mit Zusatzprotokoll I von 1977 wegen unterschiedslosen Angriffs gegen die Zivilbevölkerung). Die NATO-Strategie nimmt unsere östlichen Nachbarvölker als Atomgeiseln. Diese Strategie ist völkerrechtswidrig. Das Grundgesetz (Artikel 25) verpflichtet alle Bürger der Bundesrepublik in Frieden und Krieg, das Völkerrecht vor den Landesgesetzen zu achten – ohne Vorbedingungen und unabhängig davon, ob andere Staaten Völkerrecht achten oder brechen.
Auch die »kleinste« Atombombe – etwa eine Neutronenbombe mit einem Zehntel der Sprengkraft der Hiroshima-Bombe – tötet, verletzt, vergiftet unter den hiesigen Wetterbedingungen Hunderttausende Menschen der lebenden und der kommenden Generationen. Zehn mittelgroße Atomexplosionen in der Bundesrepublik bringen eine so starke radioaktive Vergiftung, daß es auf Jahrzehnte für niemand mehr ein normales Leben, wie wir es heute kennen, geben kann. Die amerikanische Armee schult bereits heute ihre Truppen, einen möglichen Vormarsch östlicher Truppen nach Westeuropa mit Atomwaffen und Giftgas aufzuhalten, und zwar durch gleichzeitige Explosion von Hunderten Atombomben an Frontabschnitten in der Bundesrepublik und durch Überflutung der hessischen Flußtäler mit Giftgas (15).
Kann es irgendeinen Zweck im deutschen Interesse geben, der den Einsatz auch nur einer einzigen Atombombe in der

Bundesrepublik rechtfertigt? Die Antwort kann nur lauten: *Nein!*

Kann es dann aber irgendein Interesse für uns geben, solche Waffen, die doch unter keinen Umständen in Deutschland explodieren dürfen, zu Tausenden unter fremdem Befehl in unserem Lande zu dulden? Spielt es da für uns eine Rolle, ob andere Länder zehn Atombomben oder zehntausend Atombomben haben, da doch der Einsatz auch nicht einer einzigen Atombombe für uns erträglich ist?

> Die Freiheit läßt sich im Krieg nicht mit Atomwaffen retten. Sobald Atombomben in der Bundesrepublik explodiert sind, bricht ein Chaos aus, das nur durch drastische Zwangsmaßnahmen zu beherrschen ist, gegen die das heutige Leben in der DDR als freiheitlich erscheinen muß.

Aber haben nicht die Atomwaffen durch die Abschreckung drei Jahrzehnte den Frieden in Europa bewahrt, während anderswo in der Welt über hundert Kriege stattfanden? Diese Behauptung ist ebenso Glaubenssache wie die, daß Knoblauch Vampire vertreibt (»Es klappt, in meinem Haus gibt es keine Vampire«). Wie man auch über die Abschreckung denkt: Wenn überhaupt, dann wirkt Abschreckung nur gegen Kriege, die durch politischen Willen beginnen. Heute sind aber Kriegsursachen in den Vordergrund getreten, die sich nicht abschrecken lassen, weil bei ihnen politischer Wille keine Rolle spielt: so ein zufälliger Krieg durch einen Computerfehler oder ein Krieg, der aus der Dritten Welt nach Europa übergreift.

Krieg in Europa ist heute wieder möglich, und unter dieser Bedingung bedeuten Atomwaffen in unserem Land nicht Schutz, sondern Selbstmord.

Haben wir als Verlierer des Zweiten Weltkrieges überhaupt die Freiheit, unseren eigenen Weg zu gehen? Anders als unsere östlichen Nachbarländer ist die Bundesrepublik ein souveränes, kein besetztes Land. Die meisten Bürger haben den

Zweiten Weltkrieg nicht erlebt. In unserem Land stehen heute einerseits verbündete NATO-Truppen, andererseits haben sich die ehemaligen Siegermächte des Zweiten Weltkriegs im Deutschland-Vertrag von 1954 das Recht vorbehalten, Besatzungstruppen des »Deutschen Reiches« – nicht der Bundesrepublik! – stationiert zu halten. Beide Arten von Truppen, die NATO-Truppen und die Besatzungstruppen, haben nichts, aber auch gar nichts miteinander zu tun. Die NATO-Truppen haben die Aufgabe, uns zu verteidigen, und die Bundesrepublik kann sie außer Landes verweisen, sogar ohne deshalb aus der NATO auszuscheiden (durch Kündigung des NATO-Truppenstatuts). Die Besatzungstruppen des »Deutschen Reiches« haben hingegen mit der Verteidigung der Bundesrepublik nichts zu tun: ihre Aufgabe ist es, den deutschen Militarismus niederzuhalten; Atomwaffen und Giftgas gehören keinesfalls zur rechtmäßigen Bewaffnung für diese Aufgabe. Die Besatzungstruppen des »Deutschen Reiches« kann die Bundesrepublik nicht außer Landes verweisen. Alle Atomwaffen und alles Giftgas in der Bundesrepublik gehören zu NATO-Truppen und können durch einseitige Entscheidung der Bundesrepublik aus dem Land verwiesen werden.

Wir können rechtlich und praktisch sicherstellen, daß unsere Verbündeten keine Atomwaffen und kein Giftgas auf und von deutschem Boden einsetzen können.

Ein Ausweg ist möglich

Kann sich die Bundesrepublik aus eigener Kraft verteidigen? Ja. Nach Meinung von Experten sind wir ohne fremde Truppen und ohne Atomwaffen keineswegs wehrlos.

Wichtigstes Ziel unserer Verteidigung ist es, unser Land den Atomwaffenmächten als Schlachtfeld zu versperren und keinen Anlaß für Atomangriffe zu bieten. Die Atomwaffenmächte führen ihre Landkriege vorwiegend mit Großwaffen (wie Panzer und Flugzeuge). Fortschritte der elektronischen Technik haben dazu geführt, daß solche Großwaffen inzwischen leichte Beute kleiner zielsuchender Abwehrraketen sind. Hinzu kommt der »Platzvorteil«, den der gut vorbereitete Verteidiger ohnehin vor einem Angreifer hat. Da zählt auch keine »konventionelle Überlegenheit«, wie sie der Sowjetunion nachgesagt wird.

Eine atomwaffenfreie »alternative« Verteidigung der Bundesrepublik, die *nach allen Richtungen* wirkt und nicht automatisch zu unserer Vernichtung führt (26), könnte so aussehen: Die Bevölkerung erhält wieder einen minimalen Zivilschutz nach Art des Zweiten Weltkriegs (Splitterschutz und Notheizung in Wohnhäusern, dezentrale Versorgung). Die Bundesregierung nutzt alle – bisher vernachlässigten – Möglichkeiten zum Schutz der Zivilbevölkerung, die das moderne Kriegsvölkerrecht bietet (international als unverteidigt erklärte Großstadtgebiete) (14). Alle militärisch »wertvollen« Ziele werden beseitigt: keine Kernkraftwerke, keine zentralen Militärdepots, keine Befehlszentralen, keine Panzertruppen, keine Luftwaffe. (»Alles, was fliegt, ist Feind.«)

Statt dessen wird die Bundesrepublik mit einem Netz von kleinen versteckten Abwehrnestern überzogen, bedient von Soldaten an ihren Wohnorten. Ein Nachschubwesen gibt es im Kriegsfall nicht – die Abwehrraketen sind von vornherein dort verstreut gelagert, wo sie gebraucht werden, in ausreichenden Mengen. So wird die Bundesrepublik zu einem »Sumpf«, in dem sich die Großwaffen verfangen. In einem so vorbereiteten Land hat keine Atomwaffenmacht eine Chance zur Landkriegführung. Sowjetische Panzerkolonnen werden in dem Abwehrnetz ebenso aufgerieben wie gegebenenfalls die amerikanische Schnelle Eingreiftruppe. Die Soldaten, die die Abwehrwaffen bedienen, kämpfen nicht fern der Heimat für fremde Interessen, sondern sie verteidigen als Milizsoldaten in ihrem eigenen Lebensbereich ihre Familien und ihre Freunde. Sie wissen: Sollte es den Truppen einer Atomwaffenmacht gelingen, sich bei ihnen einzunisten, dann wird ihr Wohnort militärisches Ziel einer anderen Atomwaffenmacht. Eine derart verteidigte Bundesrepublik ist gut geschützt, kann aber niemand angreifen. Die Verteidigungswirkung nach allen Seiten würde noch verstärkt, sollten sich unsere westlichen, östlichen und neutralen nicht-atomaren Nachbarstaaten dafür gewinnen lassen, sich einem solchen rein defensiven Verteidigungsnetz anzuschließen. Ist eine »alternative« Verteidigung überhaupt bezahlbar? Experten sagen: Ja, sie ist sogar billiger als die derzeitige NATO-Verteidigung.

In der Diskussion ist auch die sogenannte »soziale Verteidigung« – also zunächst gewaltlose Hinnahme der militärischen Unterwerfung, dann aber Verweigerung jeglicher Zusammenarbeit mit dem Eroberer. So wichtig diese Lösung für die fernere Zukunft auch sein mag: In unserer heutigen Situation, in der es darum geht, unser Land den Atomwaffenmächten als Schlachtfeld zu versperren, kann »soziale Verteidigung« ihre Wirkung nicht entfalten. Wahrscheinlich würden im Kriegsfall sowjetische Panzer oder amerikanische Luftlandetruppen eine »soziale Verteidigung« der Bundesrepublik überhaupt nicht bemerken.

Wie kann uns eine atomwaffenfreie »alternative« Verteidigung gegen Atomangriffe schützen? Sind wir nicht ohne den Schutz westlicher Atomwaffen möglichen sowjetischen atomaren Erpressungen ausgesetzt? (»Wir vernichten Hamburg, wenn ihr nicht...«) Eine atomare Erpressung kann im Prinzip von jeder Atomwaffenmacht kommen. Einziger militärischer »Schutz« gegen eine solche Erpressung ist eine *Garantie* von Atomwaffenmächten, einen atomaren Angriff gegen die Bundesrepublik *automatisch* mit Atomwaffen zu rächen. (»Wenn ihr Hamburg angreift, vernichten wir Leningrad.«) Aber keine Atomwaffenmacht kann und wird uns je eine solche Garantie geben. Atomwaffen »schützen« *immer* nur ihre Eigentümerstaaten, wenngleich um den hohen Preis, daß diese

Staaten sich dadurch *immer* selbst zu militärischen Atomzielen machen. Nicht-Atomwaffenstaaten stehen *niemals* mit Gewißheit unter dem »Schutz« von Atomwaffen, sie sind und bleiben also im Prinzip durch Atomwaffenstaaten erpreßbar, sie müssen aber auch *niemals* militärische Atomziele bieten (es sei denn, sie lassen sich – wie die Bundesrepublik – fremde Atomwaffen ins Land stellen).

> Der üblich gewordene Sprachgebrauch der Begriffe »strategisch« (einst: »Hinterland«) und »taktisch« (einst: »Front«) drückt diese Abkopplung der Atomwaffenstaaten aus: Eine Atombombe auf Chicago, London, Paris oder Leningrad ist »strategisch«, dieselbe Atombombe auf Hamburg oder Magdeburg ist *nur* »taktisch«. Die Atomwaffenstaaten in Ost und West sind die Burgen, ihre Verbündeten sind Vorfeld und Schlachtfeld.

Fazit: Einen militärischen »Schutz« gegen atomare Angriffe und Erpressungen gibt es für uns als Nicht-Atomwaffenland nicht. *Unser* wirksamster Schutz ist, atomaren Erpressungen keinen Ansatzpunkt, also keine militärischen Atomziele, zu bieten. Bei der »alternativen« Verteidigung gibt es keine militärisch »wertvollen« Ziele, erst recht keine Atomwaffen im Lande. Deshalb gibt es auch für niemand einen vertretbaren Grund für Atomangriffe. Die einzigen »wertvollen« Ziele im Lande sind die Großstädte; die sind aber unverteidigt – keine militärischen Ziele – und stehen so unter dem Schutz des Völkerrechts. Dieser unsichtbare Schutz ist weitaus stärker, als die meisten Menschen glauben wollen: Jede Atomwaffenmacht fürchtet die Verurteilung der Weltöffentlichkeit, die sie auf sich zieht, wenn sie Massenmord an Zivilisten begeht. Die Abscheu über die Verbrechen von Auschwitz und Hiroshima ist auch nach Jahrzehnten längst nicht abgeklungen. Nur die Furcht vor solcher internationaler Verurteilung, nichts anderes war es, was die Atomwaffenstaaten bei ihren zahlreichen Kriegen in der Dritten Welt stets vor der Versuchung zurückschrecken ließ, bei drohenden Kampfniederlagen zu Atomwaffen zu greifen (z. B. Korea, Vietnam).

Es kann auch eine wirtschaftliche Erpressung geben. In der Tat ist unser – im Grunde so reiches – Land heute wirtschaftlich so auslandsabhängig und damit erpreßbar wie nie zuvor, allerdings weniger durch die Sowjetunion als durch die westlichen Verbündeten: beispielsweise durch Handelsbeschränkungen, durch Drosselung der Ölversorgung oder durch Stillegung ausländischer Firmen. Die amerikanischen Bemühungen, das Erdgas-Röhren-Geschäft zu stören, sind als ein solcher Erpressungsversuch in frischer Erinnerung.

Eine »alternative« militärische Verteidigung, die uns Überlebenschancen zurückgibt, muß durch eine Politik ergänzt werden, die unsere Interessen von Supermachtinteressen unterscheidet und die alle Möglichkeiten nutzt, um die Atomwaffenmächte zu Rüstungsstop und Abrüstung zu bewegen.

Viele Chancen sind vertan worden: Die deutschen Bundesregierungen haben bisher stets *gegen* den Stop der Atomrüstung (»Freeze«), *gegen* die Ächtung des Atomwaffen-Ersteinsatzes (»No First Use«) und *gegen* die Zurückdrängung der Atomwaffen in ihre Eigentümerländer (»atomwaffenfreie Zone«) gestimmt, im Einklang mit den USA. Ein unverständliches Verhalten für ein Nicht-Atomwaffenland in derart gefährdeter Lage. Wichtige völkerrechtliche Verträge zum Schutz der Bevölkerung hat die Bundesregierung noch immer nicht in Kraft gesetzt (ratifiziert), so das 1977 unterzeichnete Zusatzprotokoll I zu den Genfer Abkommen von 1949 (14).

Was können wir jetzt tun?

Noch nie in der Geschichte war unser Land in solcher Lebensgefahr wie heute. Längst geht es für uns nicht mehr um den Erhalt einer liebgewordenen Staats-*Form*, sondern schlicht um das Überleben der Menschen, also um den Erhalt der *Substanz*. Unseren Verbündeten ist nicht zu verübeln, daß sie versuchen, unser Land zu ihrem Vorteil zu nutzen. Vier Jahrzehnte nach Ende des Zweiten Weltkriegs müssen wir jedoch aufhören, zur Mißachtung unseres Hausrechts einzuladen und das Vorteilstreben anderer Mächte mit unseren eigenen Lebensinteressen zu verwechseln.
Können wir denn einseitig etwas für den Frieden tun, ohne daß der Osten mitzieht? Durch die Zulassung von Erstschlag-Atomraketen und durch einen Freibrief für fremde Truppen in unserem Land sind *wir* heute die Gefahr für den Weltfrieden, gleichgültig, wie viel oder wie wenig der Osten rüstet, gleichgültig, wie stark die Friedensbewegung in den östlichen Nachbarländern ist. Nach dem Völkerrecht sind *wir* verantwortlich für alle Kriegshandlungen eigener und verbündeter Truppen in und aus unserem Land. Ohne unser *Nein* sind wir nicht Opfer, sondern Mittäter. Wenn *wir* nicht den Anfang machen, kann es keinen Frieden geben. Ohne unser *Nein* zu den neuen Atomraketen erscheint der Atomkrieg in den nächsten Jahren unausweichlich.
Seit Jahrzehnten wird von Abrüstung gesprochen, ohne jeden Erfolg: Alle Abrüstungsgespräche waren nur Anstoß zu neuer Aufrüstung. Wir dürfen uns nicht mehr allein auf unsere politischen Vertreter verlassen. Wir müssen uns von unseren erstarrten Feindbildern lösen und neue Wege gehen. Jedes Gespräch mit Freunden, Kollegen, Mitmenschen ist hierzu wichtiger als eine Politikerrede. Wir müssen und können die Gefahren erfolgreich nur abwehren, indem wir unsere Ohnmacht abstreifen, uns sachkundig machen und unsere Erkenntnisse weiterverbreiten. Billiger ist das Überleben nicht zu haben.

Quellen

1 Abkommen zwischen der Regierung der Bundesrepublik Deutschland und der Regierung der Vereinigten Staaten von Amerika über Unterstützung durch den Aufnahmestaat in Krise oder Krieg, 15. April 1982, Bundesgesetzblatt 1982, Teil II, S. 450f. (»Wartime Host Nation Support-Abkommen«).

2 Die USA haben zwar weniger Raketen-U-Boote und weniger U-Boot-Raketen als die Sowjetunion. Die U-Boot-Raketen der USA tragen aber zusammen viermal so viele Atomsprengköpfe wie ihre sowjetischen Gegenstücke (SIPRI Rüstungsjahrbuch 1981/1982, S. 220).

3 Die Sowjetunion unterhält nur zwei Häfen für ihre Raketen-U-Boote, einen (Poljarny) auf der Halbinsel Kola, einen weiteren (Petropawlowsk) auf der Halbinsel Kamtschatka nördlich von Japan; beim Auslaufen aus diesen Häfen müssen die sowjetischen Boote amerikanische Mikrophonketten durchqueren und sind fortan durch verschiedene elektronische Ortungsverfahren oder durch hinterherfahrende amerikanische Angriffs-U-Boote (»tracking«) dauernd verfolgbar (Wit, J. S., Neue Systeme zur U-Boot-Bekämpfung, Spektrum der Wissenschaft, April 1981; Afheldt, H., Verteidigung und Frieden, Deutscher Taschenbuch Verlag, München 1979, S. 159f.)

4 Die Sowjetunion unterhält derzeit doppelt so viele Raketen-U-Boote wie die USA (71 gegenüber 37 Booten); jedoch sind jeweils 2 von 3 amerikanischen Booten, jedoch nur eines von 7 sowjetischen Booten auf See (Paine, C., A false START, The Bulletin of the Atomic Scientists, August/September 1982).

5 Bundesministerium der Verteidigung, Kräftevergleich NATO und Warschauer Pakt, Bonn 1982, S. 40.

6 Ankündigung durch US-Verteidigungsminister Weinberger am 5. 10. 1981 (Europa-Archiv, Folge 22/1981, S. D 594), Vorverlegung auf 1988 (New York Times, 31. 5. 1982).

7 Aldridge, R. C., First Strike, Boston 1983: South End Press

8 Bericht über das »Leitlinien-Dokument« des US-Verteidigungsministeriums in der New York Times vom 31. 5. 1982, übersetzt in Blätter für deutsche und internationale Politik, 8/1982, S. 1011f.

9 Der NATO-Oberbefehlshaber B. Rogers im *Spiegel*-Interview 1982: »Aber die meisten der 6000 Atomsprengköpfe, die Sie erwähnten, sind Kurzstreckenwaffen. Unter Kurzstrecke verstehe ich eine Reichweite von 20 bis 30 km...« (*Spiegel*, Nr. 34/1982, S. 128).

10 Stern, 42/1982, S. 274f.

11 Washington Post v. 14. 5. 1982.

12 Die sowjetischen SS-20-Raketen sind technisch auf dem veralteten Stand der amerikanischen Interkontinentalrakete Minuteman III, die 1970 letztmals gebaut wurde: beide Raketen tragen 3 Atomsprengköpfe mit je ca. 150–170 kton Sprengkraft, beide Raketen treffen etwa auf 300 m genau (die Minuteman III über 13000 km Strecke, die SS-20 über nur 5000 km).

13 Pro jeder Mark für die Bundeswehr gibt die Bundesregierung knapp 2 Pfennig für den Zivilschutz aus. Ergebnis: Einen angesichts der bestehenden Atomwaffen- und Giftgas-Gefahren einzig sinnvollen vorbeugenden Zivilschutz (Beseitigung der Gefahrenquellen) gibt es nicht. Bunkerplätze gibt es für 3 von 100 Einwohnern. »Nur« eine einzige Atombombenexplosion mit kleinstmöglicher Sprengkraft würde das Rettungswesen der Bundesrepublik hoffnungslos überfordern (nach: Bundesminister des Innern, Zivilschutz heute, Bonn 1979).

14 Schlögel, A. (Hrg.), Die Genfer Rotkreuz-Abkommen vom 12. August 1949 und die beiden Zusatzprotokolle vom 10. Juni 1977, Schriften des Deutschen Roten Kreuzes, Bonn 1980.

15 Feldhandbücher (z. B. FM-100-5) und Lehrbücher (z. B. RB-100-30) der US-Armee geben an, daß Atomwaffen in der Schlacht grundsätzlich nicht einzeln, sondern in »Paketen« von 50 bis 200 Sprengköpfen in einem vorgegebenen Gebiet »dicht an dicht« binnen höchstens zwei Stunden eingesetzt werden sollen. Derartige Einsätze sind für den Kriegsfall in der Bundesrepublik geplant. Das von einem Atomwaffen-»Paket« getroffene Gebiet von der Größe eines Bundeslandes ist niemals wieder bewohnbar. Die in der Bundesrepublik lagernden rund 5000 Atomsprengköpfe reichen für einige Dutzend solcher »Pakete«.

16 Bundesminister der Verteidigung, Weißbuch 1983, Bonn.

17 Bundestagsdrucksache 10/64 v. 13. 5. 1983, Frage Nr. 89.

18 Bundestagsdrucksache 10/249 v. 14. 7. 1983, Frage 2.4a.

19 Die Zeit, 28. Oktober 1983, S. 7.

20 Spiegel, Nr. 29/1983, S. 14.

21 Firmenschrift des Herstellers der Pershing-2-Rakete, Fa. Martin-Marietta, vom August 1982, Abdruck in Informationsschrift der »Grünen«, Frankfurt, Oktober 1983; Aviation Week & Space Technology, 25. Juli 1983, S. 52.

22 Bundestagsdrucksache 10/487 v. 14. 10. 1983.

23 Das Atlantische Bündnis, NATO-Informationsdienst, Brüssel 1982, S. 170.

24 Bundestagsdrucksache 10/249 v. 14. 7. 1983, Frage 7.1.

25 Frankfurter Rundschau, 10. Oktober 1983, S. 2.

26 Afheldt, H., Defensive Verteidigung, Rowohlt Verlag, 1983.

27 Haefner, K., Inferno auf Computer-Befehl, Spiegel, Nr. 20/1983.

28 Presse- und Informationsamt der Bundesregierung, Stichworte zur Sicherheitspolitik, September 1983, S. 39.
29 Wehrtechnik, 2/1983, S. 38f.
30 McNamara, R., What the U. S. Can Do, Newsweek, 5. 12. 1983, S. 14f.

Eine neue Strategie

Aus: Robert Scheer »Und brennnend stürzen Vögel vom Himmel«, erschienen im Kindler Verlag, München 1983

Dieses Buch will zeigen, wie die Führer der Vereinigten Staaten unter Ronald Reagan dazu kamen, offen darüber zu sprechen, daß es möglich sei, einen Nuklearkrieg gegen die Sowjetunion zu führen und zu gewinnen, und wie sehr sie von einer Konfrontationsstrategie besessen sind, die darauf abzielt, die Sowjets zu zwingen, ihr Imperium zu verkleinern und ihre Gesellschaft grundlegend zu ändern.

–

Eugene Rostow, der auf amerikanischer Seite die Aufgabe der Abrüstung übernahm, schrieb, bevor er von Reagan für diesen wichtigen Posten ausgewählt wurde: »Wir leben in einer Vorkriegszeit, nicht in einer Nachkriegszeit.«

–

Im Herbst 1981 sagte mir Charles Kupperman, den Reagan in die US-Abrüstungsbehörde geholt hatte, in einem Telefoninterview: »Es ist für jede Gesellschaft möglich, einen Nuklearkrieg zu überleben.« Er fügte hinzu: »Ein Atomkrieg ist zwar zerstörerisch, aber großenteils immer noch ein physikalisches Problem.«

–

»Ein höherer Beamter des Weißen Hauses sagte, Reagan habe einem Acht-Seiten-Dokument über die nationale Sicherheit zugestimmt, das ›eine Kampagne für innere Reformen der So-

wjetunion und für ein Einschrumpfen des sowjetischen Imperiums‹ vorsieht. Der Beamte bestätigte, daß man es ›eine volle Breitseite‹ gegen die Sowjetunion nennen könnte.«
Diese bemerkenswerte Erklärung gibt die Ansichten von Reagans Sowjet-Experten Richard Pipes wieder, der Anfang 1981 gesagt hatte, »daß die sowjetischen Führer zwischen dem friedlichen Wandel ihres kommunistischen Systems oder dem Krieg wählen müßten«.

»Der Dreck ist das Entscheidende«

Aus: Robert Scheer »Und brennend stürzen Vögel vom Himmel«, erschienen im Kindler Verlag, München 1983

In einer Herbstnacht des Jahres 1981 erzählte mir Thomas K. Jones – der Mann, den Reagan zum Stellvertretenden Unterstaatssekretär für Verteidigung mit der Zuständigkeit für strategische und Nuklearwaffen von mittlerer Reichweite gemacht hatte –, die Vereinigten Staaten könnten sich innerhalb von zwei bis vier Jahren vollständig von einem totalen Nuklearkrieg mit der Sowjetunion erholen. T. K., wie er sich gern nennen läßt, fügte hinzu, daß ein Nuklearkrieg nicht annähernd so verheerend sei, wie man uns glauben gemacht habe: »Wenn es genug Schaufeln gibt, kann jeder überleben.« Die Schaufeln brauche man, um Löcher in die Erde zu graben, die man dann auf die eine oder andere Art mit ein paar Türen und etwas Dreck darauf bedecke. Auf diese Weise könne man angemessene Schutzmöglichkeiten gegen die Radioaktivität für die Millionen von Menschen schaffen, die aus den Städten Amerikas aufs Land evakuiert würden. »Der Dreck ist das Entscheidende«, sagte er mir.

Das Erstaunliche an meiner Unterhaltung mit T. K. ist nicht nur, daß ein hochgestellter Beamter der Regierung Reagan sich so schrecklich einfältig gegenüber den Wirkungen des Nuklearkrieges verhielt. Noch erschreckender ist die Tatsache, daß die Ansichten von T. K. Jones nur zu typisch für das Denken derjenigen sind, die im Zentrum der Reagan-Administration sitzen, wie ich in den Hunderten von Interview-Stunden entdeckt hatte, die ich mit den Verantwortlichen der amerikanischen Regierung führte. Der Unterschied bestand lediglich darin, daß T. K. sich deutlicher ausdrückte als die anderen.

Nachdem ein Teil meines Interviews mit T. K. Jones in der

Los Angeles Times erschienen war, forderte ein Unterausschuß des Außenpolitischen Ausschusses des Senats Jones auf, vor dieses Gremium zu treten und das zu verteidigen, was Senator Alan Cranston »seltsame Ansichten« nannte. Unterdessen war Senator Charles Percy, der republikanische Vorsitzende des Außenpolitischen Ausschusses, Jones bei einem für die ganze Stadt offenen Treffen im Haus des Senators in dessen Heimatstaat Illinois entgegengetreten. Percy war so beunruhigt von den selbstzufriedenen Ansichten über den Atomkrieg, daß er auf eine Stellungnahme des Pentagon drängte.

Aber inzwischen hatte die Regierung Jones einen Maulkorb umgehängt, so daß es ihm möglich war, seine ersten drei bereits anberaumten Termine vor dem Unterausschuß des Senats zu versäumen. Zu diesem Zeitpunkt fragte die *New York Times* in einem Leitartikel: »Wer ist dieser Thomas K. Jones, der so lustige Dinge über den Zivilschutz sagt?« Und auch anderswo wurden Jones' Auslassungen über primitiven Strahlenschutz von Leitartikelschreibern und Cartoonisten als bloße Albernheiten auf die leichte Schulter genommen. Diese Leute ignorierten jedoch, daß Jones' Begriff von Zivilschutz, so merkwürdig er zu sein schien, entscheidend für Reagans ganze Strategiepolitik ist.

Reagans nukleare Aufrüstung geht davon aus, daß die Vereinigten Staaten gegenüber den sowjetischen Nuklearwaffen ungeschützt seien. Diese Vorstellung beruht großenteils auf Berechnungen, die eben dieser T. K. Jones angestellt hatte, bevor er in die Regierung eintrat und noch für den Boeing-Konzern arbeitete. Es war Jones' Einschätzung der Effektivität des sowjetischen Zivilschutzes, die jener Ansicht den größten Teil ihrer statistischen Rechtfertigung verschaffte. Diese Statistiken besagen, man könne von den Sowjets realistischerweise erwarten, daß sie einen nuklearen Krieg gewinnen und überleben, während Amerika ihn – ohne ein vergleichbares Zivilschutzprogramm – notwendigerweise verlieren würde.

Und es war Jones' Anpreisung der Schaufeln und primitiven Schutzmöglichkeiten als Mittel zur Rettung vor dem Atomtod, die, kaum hatte sie das Licht der Öffentlichkeit erblickt, die Behauptung der Reagan-Administration von der amerikanischen Verwundbarkeit in Frage stellte, wie wir noch sehen werden. Jones hatten das Graben von Löchern und die angeblichen Verteidigungsmöglichkeiten durch Dreck fasziniert, nachdem er sowjetische Handbücher über den Zivilschutz gelesen hatte, die ähnliche Prozeduren befürworteten. Tatsächlich hatte er sich die Idee des Löchergrabens von den Russen ausgeborgt, die, kaum daß sie bekannt wurde, soviel Spott bei der amerikanischen Presse erntete. Wenn Jones' Evakuierungs- und Schutzpläne aber offenkundig so absurd für die Vereinigten Staaten waren – wie konnte dann ein ernsthafter Beobachter das sowjetische Zivilschutzprogramm ernst nehmen?
Und wenn die Sowjets nicht imstande sind, ihre Gesellschaft vor einem Nuklearkrieg zu schützen und sie nachher wieder aufzubauen, wie konnte dann irgend jemand ernsthaft glauben, daß es dort Pläne dafür gibt, solch einen Krieg auszutragen und zu gewinnen?
Jones war besessen von der russischen Bedrohung, seit er als Berater für die SALT-I-Verhandlungsdelegation unter Präsident Nixon gedient hatte. Roger Molander, ehemaliges Stabsmitglied des Nationalen Sicherheitsrates unter drei Präsidenten, der die Regierung nach dem Ende von Carters Amtszeit verlassen hatte, um eine Bewegung für das Einfrieren von Nuklearwaffen zu gründen, die sich »Ground Zero« nennt, vermittelte mir einen Eindruck von dieser Besessenheit. Molander erinnert sich, daß er und Jones sich 1973 entschlossen, die SALT-I-Gespräche in Genf auf eine Einladung hin vorübergehend zu verlassen und die Luftfahrtschau in Paris zu besuchen, eine Ausstellung, die ein hervorragender Anlaß für die Rüstungsindustrie war, ihre Produkte zu zeigen. Wie es das Glück wollte, trafen sie dabei zwei Frauen, die Molander als »prächtige norwegische Blondinen« beschreibt.

»Es ist eine Juninacht in Paris«, erzählte mir Molander, »Champagner gratis, Hors d'œuvres, die Lichter von Paris – nicht schlecht, oder? Ich bin ein recht aggressiver Junggeselle zu dieser Zeit, T. K. auch, und wir treffen ein Paar junger Frauen. Gegen 23 Uhr gehen wir zum Essen aus, T. K. und ich und diese beiden Mädchen. Wir finden ein hübsches kleines Bistro. Ich erinnere mich, wie ich die Treppen des Montmartre hinauflaufe, leicht angetrunken von all diesem Champagner und eben – von dieser Juninacht in Paris. Eine halbe Stunde nach Beginn des Essens habe ich mich in ein Gespräch mit einem der Mädchen über dies und das vertieft. Es ist Sonnabendnacht in Paris, ich sitze auf dem Montmartre, ich esse Ente à la Orange, und das letzte, worüber ich nachdenke, ist der Nuklearkrieg.
Über den Tisch weht die Stimme von T. K. Jones. Er unterhält sich ernsthaft mit diesem jungen norwegischen Mädchen, das von Zeit zu Zeit nickt. Aber wer weiß, was ihm durch den Sinn geht? T. K. Jones sagt zu ihm: ›Und weil die Sowjetunion unsere Interkontinentalraketen bedroht, müssen wir mobile Interkontinentalraketen-Systeme haben, deren Standort man verändern kann!‹ Ich denke: ›Nanu! Ich höre wohl nicht richtig. Das ist kein menschliches Wesen. Dieser Mann versteht gar nicht, warum das Leben es wert ist, gelebt zu werden!‹ Wir sind in Paris an einem Samstagabend auf dem Montmartre, in der Nähe des Eiffelturms, mit einem Paar entzückender junger Frauen. Es ist Mitternacht, wir brauchen nicht vor wer weiß wann zu Hause zu sein, und er redet über mobile Interkontinentalraketen-Systeme. Ich konnte es nicht fassen. T. K. redete immer noch davon, als wir gingen.«

T. K. ist alles andere als verrückt. Seit seinen Tagen als Manager der Programm- und Produktberechnung bei Boeing ist T. K. Jones, nachdem er von den SALT-I-Gesprächen 1974 zurückgekehrt war, ein Hauptvertreter der Auffassung, daß die Vereinigten Staaten verwundbar für einen sowjetischen Erstschlag seien, solange sie nicht dem sowjetischen Zivilschutzprogramm nacheifern. Bei Boeing hatte Jones eine Gruppe geleitet, die Versuche durchführte, bei denen die Wirkungen einer nuklearen Explosion auf Personen simuliert wurden, die sich unter primitive Schutzvorrichtungen duckten, sowie auf Maschinen, die man in die Erde eingegraben hatte. Diese Versuche überstanden Mensch und Maschine fast ohne jeden Kratzer. Seine Kollegen bei diesem Boeing-Projekt wurden kürzlich von der Reagan-Administration mit Verträgen belohnt, damit man entscheiden kann, wie man einen Nuklearkrieg von sechs Monaten Dauer austragen und überleben kann. In seinem neuen Job im Pentagon zählt Jones zu den Beamten in Schlüsselstellungen, die damit beauftragt wurden, die Ausrüstung für einen solchen längeren Nuklearkrieg zu planen und zu beschaffen.

Ich hatte T. K. Jones eines Morgens im Herbst 1981 ungefähr eine Stunde lang in seinem Büro im Pentagon erstmals interviewt. Mich interessierten seine Ansichten über den Bedarf an Zivilschutz und über die Möglichkeiten, einen Nuklearkrieg zu überleben, weil er darüber in der Vergangenheit vor Ausschüssen des Kongresses ausgesagt und Artikel geschrieben hatte. Die Berufung von T. K. Jones auf einen hohen Posten im Pentagon durch die Regierung Reagan trotz seiner extremen Ansichten, die zu der Zeit in verteidigungspolitischen Kreisen gut bekannt waren, war einer jener Knalleffekte, die mich darauf aufmerksam machten, daß diese Administration grundlegend andere Ansichten über den Nuklearkrieg hegt als ihre demokratischen und republikanischen Vorgängerinnen.

Das Interview in seinem Büro im Pentagon war um Bilder gekreist, die die Zerstörung von Hiroshima und Nagasaki zeigten. Jones war wie schon bei seinen kaum bekannten Aussagen im Kongreß vor fünf Jahren von den Szenen der Zerstörung aus diesen beiden japanischen Städten nicht beunruhigt und deutete auf die wenigen übriggebliebenen Mauern in einer sonst toten Einöde aus Schutt, um seine These zu unterstützen, daß es in der Tat eine Verteidigungsmöglichkeit gegen den nuklearen Krieg gebe. Er pries die Vitalität der Japaner, indem er bemerkte: »Etwa 30 Tagen nach der Explosion waren Leute zur Stelle, die den Schutt wegräumten und ihre Häuser wieder aufbauten.«

Jones erkannte während unseres morgendlichen Interviews zwar die Tatsache an, daß moderne strategische Nuklearwaffen hundertmal mehr Zerstörungsgewalt haben als die Modelle, die über Japan explodierten, und daß in eine große amerikanische Stadt nicht nur einer, sondern vielleicht mehr als ein Dutzend Sprengköpfe einschlagen würden. Trotzdem bestand er darauf, daß mehr als 90 Prozent der Menschen überleben könnten.

Ich kann mir das Interesse von Jones, das er an der Fortsetzung des Interviews nach unserer Morgensitzung in seinem Büro hatte, nicht leicht erklären. Vielleicht lud er mich deshalb abends zu sich nach Hause ein, weil er erkannte, daß ich wirklich erstaunt war über die Behauptung, die er aufstellte, als wir im Vorzimmer seines Büros standen, nämlich daß der Nuklearkrieg überlebbar sei. »Graben Sie sich ein Loch, legen Sie ein paar Türen darüber und werfen Sie drei Fuß Erde darauf.« Meine Fragen müssen ihm nahegelegt haben, daß ich etwas mehr benötigte als den Schnellkursus, den er mir an diesem Morgen über die Kunst des Überlebens gegeben hatte. Die ausführliche Lektion am Abend in seinem Haus bestand aus einem Bemühen, mir zu erklären, wie wir das Schlachtfest überstehen könnten.

Während dieser Nacht hörte ich mir mit äußerster Ungläubigkeit Jones' Monolog an. Er begann, als sich Jones, seine Freundin und ich um acht zu Tisch setzten – während die Frau das, was mir als schreckliche Albernheit von Jones erschien, mit einem zustimmenden Nicken bedachte –, und er endete um vier Uhr früh, als ich kein leeres Band mehr hatte und Jones' Freundin auf der Couch eingeschlafen war.

Das Essen begann mit einem Glas Weißwein, mit gebratenen Krabben und Zwiebeln, und es wurde mit einem Drink zum

Nachtisch abgeschlossen, den mein Gastgeber an Hand eines kostbaren Rezepts zusammenstellte, so wie er es nach seinen eigenen Worten jeden Abend tut. Während des ganzen Abends wirkte Jones überaus gewissenhaft und vernünftig, als er seine These darstellte, daß der Nuklearkrieg weit weniger schrecklich sei, als man mich glauben gemacht habe, daß man ihn überleben könne und daß das nicht nur für ein paar Horden von Wilden gelte, die eine verwüstete Landschaft durchstreiften. Was Jones vorhersagte, das war die Bewahrung und die Möglichkeit des raschen Wiederaufbaus unserer modernen Institutionen, Produktionsmethoden und Lebensweisen.

Verstehen Sie mich bitte nicht falsch! In dieser Nacht gab es nichts Ungeordnetes oder Hysterisches in Jones' Benehmen, nicht einmal etwas Überspanntes. Jones hat eine vorsichtige Art. Sein Haus spiegelt einen spartanischen Lebensstil wider, es ist sparsam eingerichtet mit gerade so viel Sesseln, daß einige Leute Platz finden. Sein Blick ist klar, und er sieht gepflegt aus für seine 49 Jahre. Er erhebt selten seine Stimme und neigt dazu, leise zu sprechen, manchmal fast unhörbar. Seine gewählte, an den Fakten orientierte Redeweise blieb auch dann erhalten, als er den Tod von Hunderten von Millionen Menschen diskutierte – so als ob er versuchen würde, durch den gemäßigten Ton seiner Stimme den unbeschreiblichen Schrecken alles dessen vergessen zu machen. Ich habe mir die Bänder mit diesem Interview oft angehört, und was mich dabei am meisten erschreckte, war die Leichtigkeit, mit der Jones das Massensterben fast zu einer Routineangelegenheit zu machen schien.

An diesem Abend in seinem Haus zeigte mir Jones Bilder aus sowjetischen Handbüchern über Zivilschutz, auf denen man primitive Schutzräume sah, die aus nicht viel mehr als aus einfachen Erdlöchern mit etwas Stroh darauf bestanden.

»Dieses kleine, primitiv aussehende Etwas auf diesem Bild ist ein Schutzraum, den die Sowjets entworfen haben«, sagte Jones. »Eigentlich gräbt man nur ein Loch, nimmt sich etwas

Holz und Grünzeug oder irgend etwas Ähnliches, baut sich dieses Ding und bedeckt es mit Dreck... das verringert den tödlichen Umkreis einer Megatonnen-Waffe auf ungefähr zwei Quadratmeilen... Die Russen haben 20 bis 30 Muster. Der Grundgedanke besteht darin, daß man jenes Muster wählt, für das man gerade das Baumaterial zur Hand hat.«

Dann erkannte er an, daß es, was die Vereinigten Staaten angehe, ein großes Hindernis gebe: »Das Problem besteht darin, daß wir unsere Leute zu dem Glauben gebracht haben, daß jedermann stirbt, wenn die erste Nuklearbombe fällt. Man kann die Leute kaum dazu bringen, etwas zu unternehmen, wenn sie unter diesem Eindruck stehen.« Nichtsdestotrotz beschrieb Jones die Dinge, die seiner Meinung nach wichtig für das Überleben sind: »Von dem, was man in diesem Schutzraum braucht, steht natürlich die Luft an erster Stelle, dann Wasser, dann Nahrungsmittel, in dieser Reihenfolge... Man muß seine Nahrung mitnehmen, dazu ein bißchen Wasser... dann muß man abwarten, bis die Strahlung aufgehört hat... das kann man an dem Staub erkennen, der herunterkommt. Wo kein Staub ist, da gibt's auch keine Strahlung.«

Er erklärte mir, wie man einen solchen Schutzraum mit einfachen Haushaltsgegenständen herstellen könne: »Man kann sich einen sehr guten Schutzraum bauen, indem man die Türen des eigenen Hauses verwendet, einen Graben aushebt, die Türen doppelt übereinanderlegt und sie mit Plastikmaterial abdeckt, so daß Regenwasser, oder was sonst noch vom Himmel kommt, die Türen nicht entleimt, und dann schichtet man Erde darüber. Wenn das Haus auf einem Betonsockel steht, kann man einen sehr guten Schutz gegen Explosion und Strahlung erreichen, indem man darunter einen Tunnel gräbt... Man muß lernen, wie man eine Entlüftungspumpe herstellt, wie man mit den sanitären Problemen fertig wird, mit der Bevorratung und ähnlichem. Die Sache in einem Nuklearkrieg ist nämlich die, daß einen umbringt, was man nicht weiß...«

Ich fragte ihn, welche Vorstellungen die Administration über den Zivilschutz im Los Angeles der achtziger Jahre habe. Seine Antwort ist in dem Teil des Interviews enthalten, der jetzt folgt.

JONES: »Im wesentlichen würde die Vorstellung darin bestehen, daß wir von den Russen lernen, was wir lernen können. In Los Angeles bestand während der fünfziger Jahre die Vorstellung, daß man einen Keller oder etwas Ähnliches in sein Haus einbauen sollte. Jetzt stellte sich heraus, daß diese anderen Schutzräume, die man sich in zehn Stunden bauen kann, besseren Schutz bieten. Für Bewohner von Apartments würde es bedeuten, daß man diese Leute hinausschafft aus der Stadt, über die erste Hügelkette hinweg, in die Gegend von San-Bernardino-Riverside, irgendwo dort hin, wo sie sich eingraben können. Das zweite Problem der fünfziger Jahre bestand darin, daß man auf folgende Streitfrage hereinfiel: Wenn du einen Schutzraum hast und dein Nachbar hat ein Gewehr – wie regelst du die Sache dann? Bedient man sich jedoch der russischen Methode, so stellt sich heraus, daß jeder es schaffen kann, wenn es nur genug Schaufeln gibt...«
SCHEER: »Um es für den Leser etwas zu dramatisieren – eine Bombe fällt auf Los Angeles. Wenn er sich innerhalb eines Zwei-Meilen-Umkreises aufhält, ist er geliefert, nicht wahr? Was aber geschieht ihm, wenn er sich außerhalb dieses Gebietes aufhält?«
JONES: »Sein Haus ist weg, und er selbst befindet sich dort, wo immer er sich sein Loch gegraben hat... Er muß sich in dem Loch aufhalten. Der Dreck, den er darüber aufgeschichtet hat, ist das Entscheidende. Das schützt ihn sowohl vor der Explosion als auch vor der Strahlung, wenn es Strahlung gibt. Das schützt ihn vor der Hitze. Wissen Sie, der Dreck ist wirklich ein fabelhafter Stoff...«

Indem er vom Eßtisch aufstand und den Teppich im Wohnraum mit einem imaginären Spaten bearbeitete, zeigte er mir,

wie es sogar in der hartgefrorenen Tundra Sibiriens möglich sei, ein Loch zu graben, so daß eine Person hineinkriechen und sich in der beschriebenen Weise schützen könne.
Dann erzählte mir Jones, daß er tief von dem Plan beeindruckt gewesen sei, den die Sowjets angeblich entwickelt hatten, um die Städte zu evakuieren und die Bevölkerung in eilig gebauten Schutzräumen auf dem Lande zu bergen. Er nahm außerdem Bezug auf seine Untersuchungen bei Boeing, um zu zeigen, daß die sowjetische Methode, Erde rund um Industriemaschinen aufzuhäufen, deren Schutz selbst dann garantiere, wenn die Bombe in nächster Nähe einschlage.
Diese Untersuchungen, so erklärte er mir, seien nicht überall bewundert worden. Einige Kritiker hätten zum Beispiel nicht seinen Enthusiasmus für das sowjetische Zivilschutzprogramm geteilt und die Vorstellung von den Millionen sowjetischen Bürgern verspottet, die sich mitten in einem eisig kalten Winter Löcher graben, um sich selbst und ihre Maschinen zu schützen. Zu diesen Einwänden könne er nur sagen, daß es leichter sei, gefrorene Erde aufzugraben, als warme, schlammige Erde. Da ich weder in der einen noch in der anderen Beziehung direkte Erfahrungen hatte, konnte ich Jones' Freundin nicht recht folgen, die mit uns am Tisch saß und zustimmend nickte.

Ich fragte ihn: »Wenn die Russen wirklich böse sind – sie haben unsere Zivilisation ausgelöscht, wir haben ihre ausgelöscht, sie zünden ihre Bomben in Bodennähe. Wie lange dauert die Strahlung?«
JONES: »Für eine dichtbesiedelte Gegend wie Los Angeles würde die Verweildauer im Schutzraum wohl eine Woche betragen. Aber dann wird man allmählich ein paar Strahlenschutztrupps brauchen, um die am wenigsten strahlenverseuchten Gebiete herauszufinden. Man wird in so einer Gegend einige schlimme Stellen finden und einige nicht so schlimme, und noch einmal, das Entscheidende ist die Kenntnis dessen, was einen weiterbringt. Lassen Sie uns über das

sprechen, was Sie machen würden. Es wäre natürlich ein Glücksfall, wenn Sie einen Regenschauer abbekommen würden... eine Menge Radioaktivität würde dann im Boden versickern, aber die Stauseen würden schrecklich heiß werden... Halten Sie sich fern... gehen Sie in eine andere Gegend, wo es nicht so heiß ist, säubern Sie die Erdoberfläche, kratzen Sie die radioaktiven Partikelchen von ihr ab, begeben Sie sich in eine Gegend, wo ein paar Häuser stehengeblieben sind oder irgend etwas dergleichen. Radioaktive Partikel können sich mit dem Staub verbinden, der dort auf den Dächern liegt. Mit einer Schaufel oder Schippe säubern Sie das Dach von dem Staub, häufen ihn irgendwo weiter weg auf, und Sie sind die Strahlung in Ihrer Gegend los...

Nach ungefähr einem Tag im Schutzraum können Sie hinausklettern, um Ihre Notdurft zu verrichten oder Wasser zu holen. Wenn Sie sechs oder acht Leute in Ihrem Schutzraum haben, sollten Sie sie schichtweise hinausgehen lassen... Sie können ein paar hundert Strahleneinheiten aushalten, ohne krank zu werden... Bei kurzen Ausflügen aus dem Schutzraum kriegen Sie nicht mehr als 20 oder 30 ab; Sie sollten Ihre Ausflüge allerdings kurz halten...«

SCHEER: »Gibt es denn keine Langzeitwirkungen?«

JONES: »Hm.«

SCHEER: »Wie meinen Sie?«

JONES: »Lassen Sie es mich so ausdrücken. Die Leute in Nagasaki und Hiroshima neigten mehr dazu, Leukämie zu bekommen, als die japanische Bevölkerung im allgemeinen. Andererseits hat sich ihre Lebenserwartung als größer erwiesen, wahrscheinlich wegen der besseren medizinischen Versorgung, die sie seither genossen haben.«

SCHEER: »Wie lange würde es dauern, Los Angeles wieder dahin zu bekommen, wo es vorher war?«

JONES: »Ich will Ihnen eine allgemeinere Antwort geben. Wenn wir unsere Gesellschaft nicht schützen, werden wir nicht in der Lage sein, die Wiederaufbauzeit zu berechnen, weil wir dann so viele Menschen verlieren werden, daß es alle

Berechnungen übersteigt. Er würde eine Reihe von Generationen in Anspruch nehmen, wenn nicht mehr. Nur wenn wir die Leute schützen, wird unsere Wiederaufbauzeit, bis zu der das Bruttosozialprodukt den Vorkriegsstand wieder erreicht, sieben oder acht Jahre betragen. Sollten wir die russische Methode anwenden und sowohl die Menschen als auch die Maschinen schützen, könnte sich die Wiederaufbauzeit auf zwei bis vier Jahre verkürzen.«

Ich weiß, daß ich an jenem Abend nüchtern war. Denn als ich nach dem Interview mit meinem Wagen vor einer Ampel wartete, die endlos lange Rot zeigte, und dabei meinen rechten Blinker eingeschaltet hatte, wurde es dem Polizisten in dem Auto hinter mir langweilig. Er ließ sich deshalb meine Papiere zeigen, ehe er mir sagte, es gehe in Ordnung, wenn ich in Virginia an einer roten Ampel rechts abbiegen wolle.

Am nächsten Morgen, nach dem Frühstück im Jefferson-Hotel in Washington D. C., bemerkte ich, daß Justizminister William French Smith, der dort ebenfalls abgestiegen war, mit seinen Leuten schon in Bewegung war. Es war ein ermutigender Anblick – French und seine Kollegen sahen auf so solide Weise erwachsen, nüchtern und respektabel aus. Ganz sicher, dieser wohlhabende Justizminister, ein Ausbund von Würde und Vertrauen, früherer Richter am Obersten Gerichtshof von Kalifornien, bedeutender Grundstücksspekulant und, wie später herauskam, raffinierter Steuerkünstler, hatte doch alles andere als die Absicht, alles aufzugeben für ein Loch in der Erde oder für einen dieser phantastischen Schutzräume, die man ihm als einem hohen Beamten zugänglich machen würde, wenn er noch im Amt wäre, sollte die Bombe fallen. Und ebenso sicher sind Ronald Reagan und George Bush genauso solide und verantwortungsvoll. Oder sind sie es nicht? Wie sehr, so fragte ich mich, gaben die Ansichten von Leuten wie Jones wirklich das wieder, was unsere neuen Staatsoberhäupter denken? Waren sie alle verrückt geworden in ihrer besessenen Furcht vor den Russen? Oder war Jones ein Irrläufer, ein einzigartiger Exzentriker, der irgendwie den Weg ins Pentagon gefunden hatte?

Die Fähigkeit von Staaten, Waffen zu entwickeln und zu produzieren 1981
Entwicklung und Produktion
Luftfahrt
Kriegsschiffe
Militärfahrzeuge
Kleinwaffen und Munition
nur Produktion
Luftfahrt
Kriegsschiffe
Militärfahrzeuge
Kleinwaffen und Munition
Die Waffenproduzenten
bedeutende
kleine
mittlere
keine Rüstungsindustrie
Quellen: die jüngsten Ausgaben von World Armament and Disarmament der SIPRI-Rüstungsjahrbücher, Jane's All the World's Aircraft, Jane's Fighting Ships, Jane's Weapon Systems; Jane's Infantry Weapons, Jane's Armour and Artillery; P. Lock und H. Wulf, Register of Arms Production in Developing Countries, 1977
KANADA
VEREINIGTE STAATEN (USA)
MEXIKO
BAHAMAS
BELIZE
HONDURAS
JAMAICA
GUATEMALA
EL SALVADOR
NICARAGUA
COSTA RICA
PANAMA
HAITI
DOMINIKAN. REPUBLIK
PUERTO RICO
DOMINICA
BARBADOS
TRINIDAD UND TOBAGO
VENEZUELA
GUYANA
SURINAM
FRANZÖSISCH-GUAYANA
KOLUMBIEN
ECUADOR
PERU
BRASILIEN
BOLIVIEN
PARAGUAY
CHILE
ARGENTINIEN
URUGUAY
FALKLAND-INSELN
ISLAND
GROSSBRITANNIEN
BELGIEN
NORWEGEN
SCHWEDEN
FINNLAND
NIEDERLANDE
DÄNEMARK
IRLAND
DDR
POLEN
BUNDESREPUBLIK DEUTSCHLAND
CSSR
PORTUGAL
FRANKREICH
SCHWEIZ
ÖSTERREICH
UNGARN
JUGOSLAWIEN
RUMÄNIEN
SPANIEN
ITALIEN
ALBANIEN
GRIECHENLAND
TUNESIEN
MAROKKO
ALGERIEN
WESTLICHE SAHARA
MAURETANIEN
MALI
NIGER
CAPEVERDE
SENEGAL
GAMBIA
GUINEA-BISSAU
GUINEA
SIERRA LEONE
LIBERIA
OBER VOLTA
GHANA
BENIN
TOGO
NIGERIA
ELFENBEINKÜSTE
KAMERUN
ÄQUATORIAL-GUINEA
GABUN
KONGO
SÜDA

Die Waffenschmieden

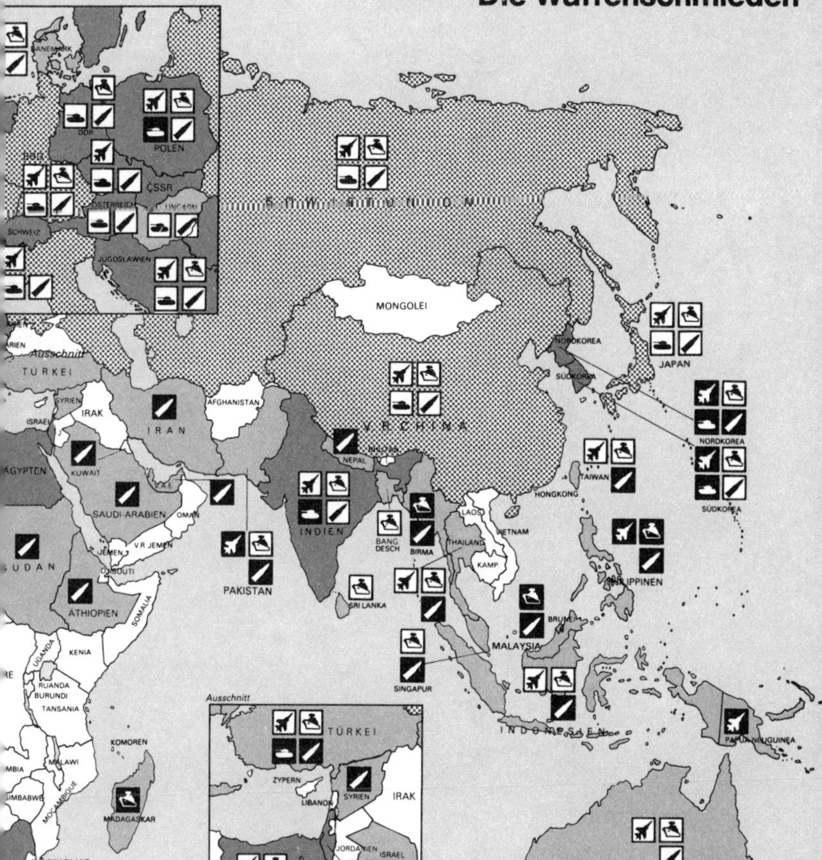

In vielen Staaten werden Waffen produziert; entwickelt werden sie aber in den wenigen Ländern, die ein Waffenprojekt in allen Stadien vom Entwurf bis zum Einsatz aus eigener Kraft oder in gleichrangiger Partnerschaft mit anderen durchführen können. Diese Karte zeigt lediglich, wo die Produktionsstätten gelegen sind und nicht, wem sie gehören - das ist oft eine ganz andere Sache.

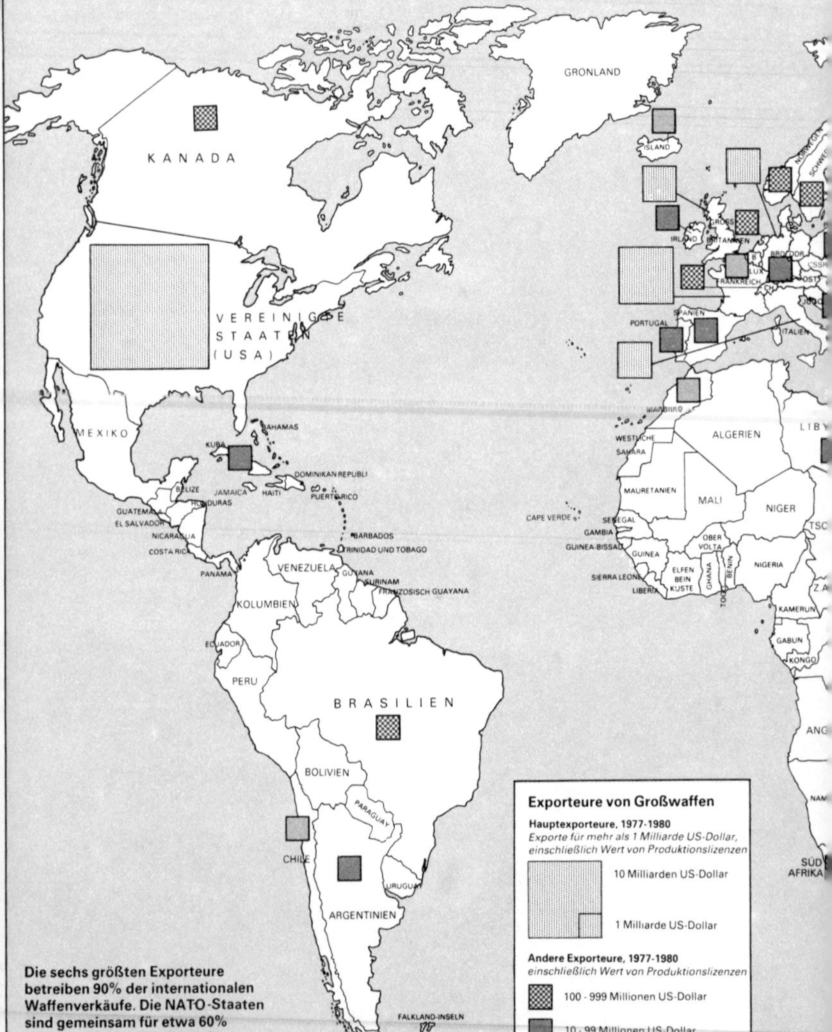

Die sechs größten Exporteure betreiben 90% der internationalen Waffenverkäufe. Die NATO-Staaten sind gemeinsam für etwa 60% verantwortlich. Jede für sich genommen, übertreffen die USA und die UdSSR alle anderen Staaten, sich gegenseitig ausgenommen.

Die Waffenhändler

« Es gibt keine exakten, verläßlichen oder auch nur angemessenen Informationen über die realen Umsätze des internationalen Waffenhandels.» Stockholm International Peace Research Institute, 1980.

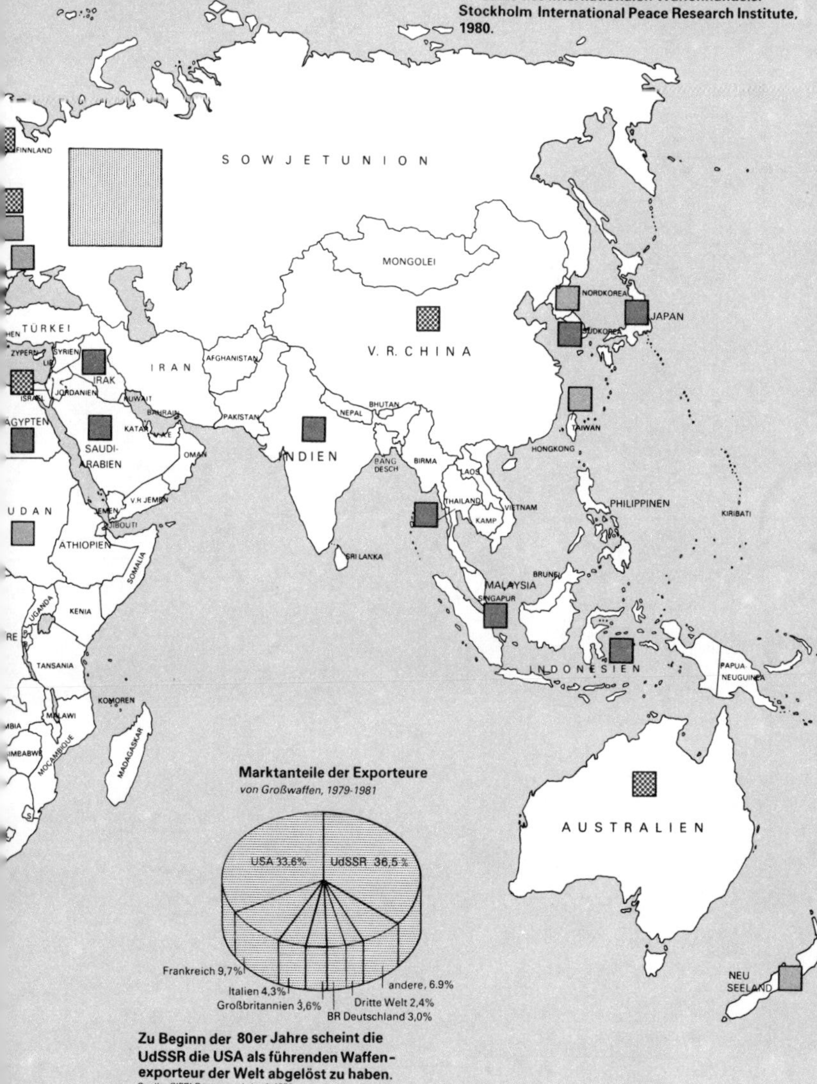

Zu Beginn der 80er Jahre scheint die UdSSR die USA als führenden Waffenexporteur der Welt abgelöst zu haben.

Quelle: SIPRI-Rüstungsjahrbuch 1982

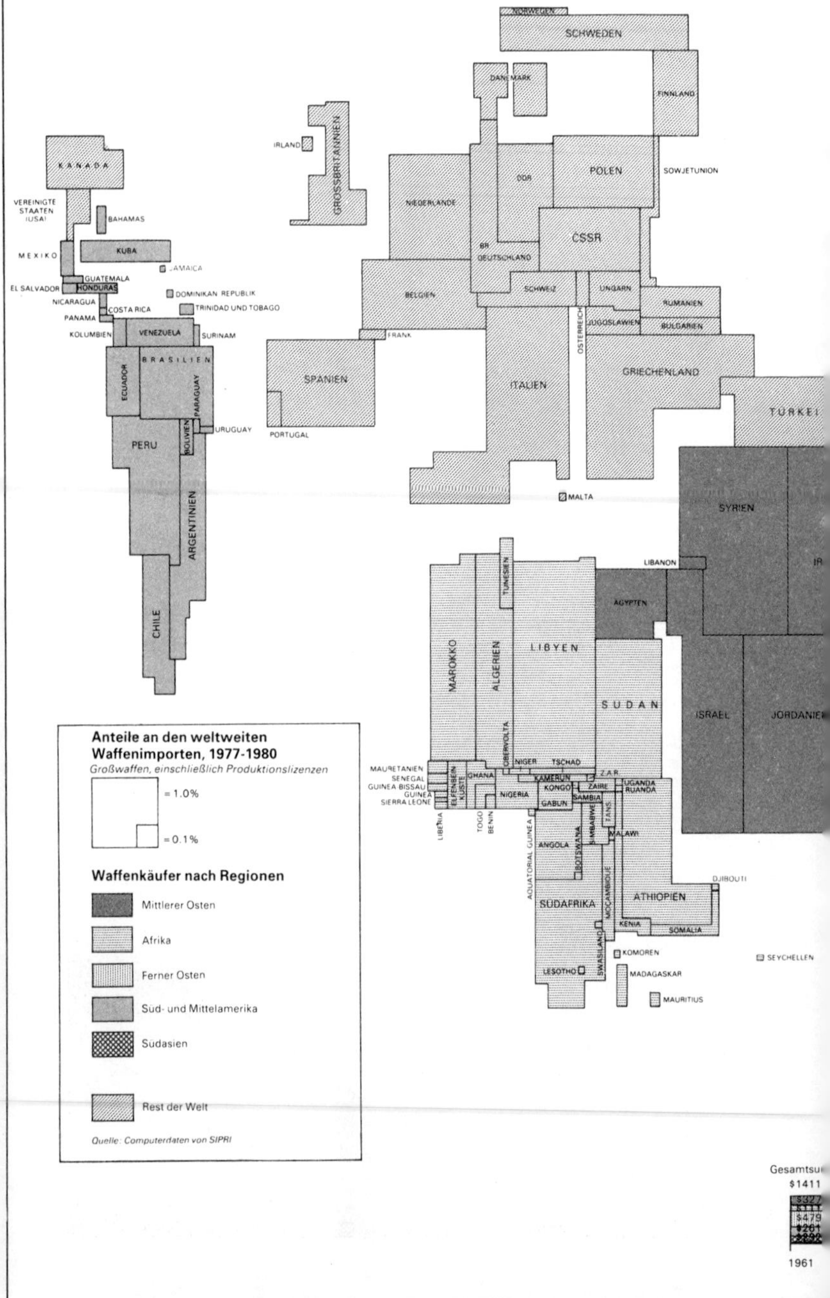

NORWEGEN
SCHWEDEN
DANEMARK
FINNLAND
IRLAND
GROSSBRITANNIEN
KANADA
VEREINIGTE STAATEN (USA)
BAHAMAS
MEXIKO
KUBA
JAMAICA
GUATEMALA
EL SALVADOR
HONDURAS
DOMINIKAN. REPUBLIK
NICARAGUA
COSTA RICA
TRINIDAD UND TOBAGO
PANAMA
KOLUMBIEN
VENEZUELA
SURINAM
BRASILIEN
ECUADOR
PARAGUAY
PERU
BOLIVIEN
URUGUAY
ARGENTINIEN
CHILE
DDR
POLEN
SOWJETUNION
NIEDERLANDE
BR DEUTSCHLAND
CSSR
BELGIEN
SCHWEIZ
UNGARN
RUMANIEN
ÖSTERREICH
JUGOSLAWIEN
BULGARIEN
FRANK
SPANIEN
PORTUGAL
ITALIEN
GRIECHENLAND
TÜRKEI
MALTA
SYRIEN
LIBANON
IR
TUNESIEN
ÄGYPTEN
MAROKKO
ALGERIEN
LIBYEN
SUDAN
ISRAEL
JORDANIE
OBERVOLTA
MAURETANIEN
SENEGAL
GUINEA BISSAU
GUINEA
SIERRA LEONE
LIBERIA
ELFENBEINKÜSTE
GHANA
TOGO
BENIN
NIGER
TSCHAD
NIGERIA
KAMERUN
Z.A.R.
KONGO
ZAIRE
GABUN
UGANDA
RUANDA
SAMBIA
ÄQUATORIAL GUINEA
ANGOLA
SIMBABWE
TANS.
MALAWI
BOTSWANA
DJIBOUTI
MOÇAMBIQUE
ÄTHIOPIEN
SÜDAFRIKA
KENIA
SOMALIA
SWASILAND
KOMOREN
SEYCHELLEN
LESOTHO
MADAGASKAR
MAURITIUS
Anteile an den weltweiten Waffenimporten, 1977-1980
Großwaffen, einschließlich Produktionslizenzen
= 1.0%
= 0.1%
Waffenkäufer nach Regionen
Mittlerer Osten
Afrika
Ferner Osten
Süd- und Mittelamerika
Südasien
Rest der Welt
Quelle: Computerdaten von SIPRI
Gesamtsu
$1411
$327
$479
$261
1961

Die Waffenkäufer

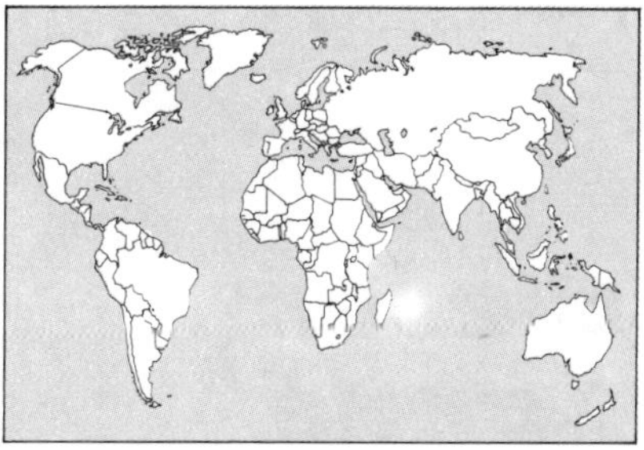

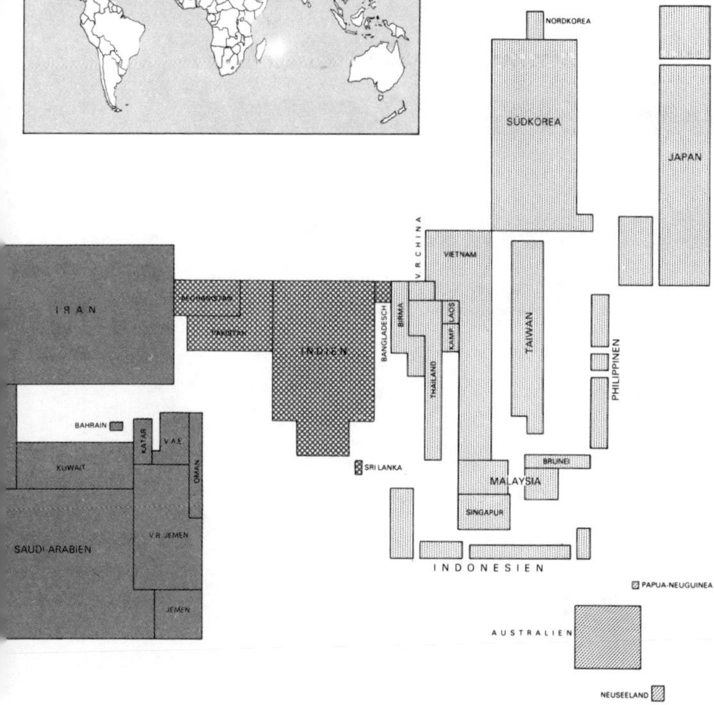

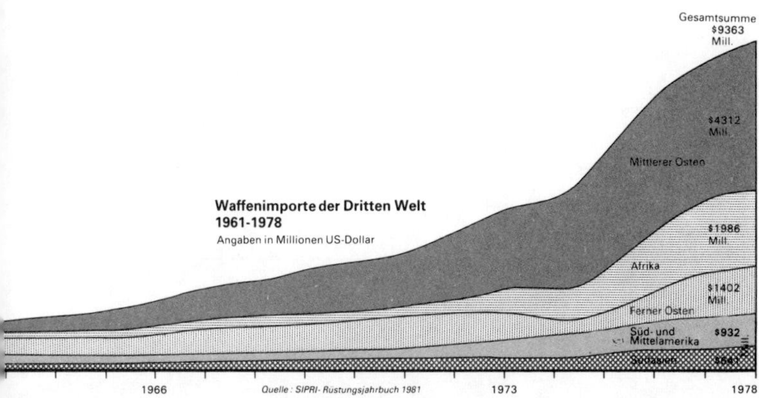

Waffenimporte der Dritten Welt 1961-1978
Angaben in Millionen US-Dollar

Knaur®

Humor

„… in diesem unserem Lande"

Deutschland nach der Wende

Originalausgabe mit Beiträgen von Hannes Burger, Eva Demski, Dieter Hildebrandt, Karl Hoche, Dieter Höss, Peter Knorr und anderen.
Mit zahlreichen Karikaturen

Band 2125 · 112 Seiten · ISBN 3-426-02125-0

Knaur

Humor

Werner Schneyder

Gelächter vor dem Aus

Die besten Aphorismen und Epigramme

Mit einem Vorwort von Dieter Hildebrandt und Illustrationen von Luis Murschetz

Band 2108 · 256 Seiten · ISBN 3-426-02108-0

Knaur

Humor

Der politische Witz in der DDR

Erik Florian (Hrsg.)

Humor als Gesinnungsventil

Originalausgabe

Band 2117 · 96 Seiten · ISBN 3-426-02117-X